KB271707

韩国语能力考试 - 词汇（初级/中级）

金忠实·金相秀

博而精

金忠实·金相秀

■ 글쓴이 (著者) ■

김충실 (金忠实)

현재 상해외국어대학교 한국어학과 부교수
부산외국어대학교 중국어과 교환교수

现任) 上海外国语大学校 韩国语系 副教授
釜山外国语大学校 中文系 交换教授

김상수 (金相秀)

현재 부산동명대학교 언어교육원 한국어교육부장
부산대학교 국어국문학과 박사수료

现任) 釜山东明大学校 语言教育院 韩国语教育部长
釜山大学校 国语国文学科 博士结业

한국어능력시험

韩国语能力考试

어휘 초급/중급

词汇(初级/中级)

김충실 _ 김상수

도서
출판 박이정

머리말 (序言)

　외국어를 공부하는데 어휘의 중요성은 아무리 강조해도 지나치지 않다. 초급 단계의 기초 어휘뿐만 아니라 중급, 고급 단계로 올라갈수록 어휘의 양이나 중요성이 커진다는 것은 외국어를 학습해본 경험이 있는 사람이라면 누구나 알고 있는 사실이다.

　이 책은 한국어를 외국어로서 공부하거나 제 2 언어로서 공부하는 학습자들을 위한 어휘 학습 교재이다. 특별히 한국어능력시험(TOPIK)의 어휘 영역을 어떻게 공부하고 준비하면 좋을지에 대한 학습 안내서와 같은 교재이다. 이 책의 많은 부분이 어휘 영역 시험 대비를 위한 내용이지만 이 책에 제시되어 있는 문제 유형과 어휘를 학습한다면, 한국어능력시험의 어휘 영역뿐만 아니라 문법, 읽기, 쓰기, 듣기의 다른 영역의 시험을 준비하는데도 많은 도움이 될 것이다. 아울러 한국어로 의사소통을 하는데 필요한 밑 바탕이 될 수 있을 것이다.

　이 책은 가급적 이론적인 설명이나 어려운 용어는 사용하지 않았으며, 학습자들이 어휘를 공부하고 시험을 준비하는 데 보다 쉽게 접근할 수 있도록 설명하려고 노력하였다. 현행 한국어능력시험에서는 초급, 중급, 고급의 3단계 시험과 함께 1급부터 6급까지의 여섯 단계로 등급을 부여하고 있지만, 이 책에서는 초급과 중급의 내용들을 중심으로 다루었으며, 의미 이해와 의미 관계 그리고 구조 관계에 따라 어휘를 분류하고 설명하였다.

　이 책에 제시된 모든 예시 문제와 연습 문제는 지금까지 시행된 한국어능력시험 기출 문제의 면밀한 분석을 바탕으로 새롭게 출제하였다. 먼저 각 장에는 <예시 문제>와 함께 문제의 유형이나 형식에 대한 <설명>을 덧붙였으며, 문제를 푸는 데 필요한 사항들과 한국어 학습에 필요한 중요 <단어>들을 제시하였다. 그리고 예시 문제보다 조금 더 난이도가 높은 문제를 <연습 문제>로 출제하여 어휘 학습에 대한 강한 학습 동기를 부여하고자 하였으며, <단어> 제시 항목을 통하여 어휘의 양을 늘릴 수 있도록 구성하였다. 그리고 중국인 학습자들을 위하여 모든 내용을 한국어와 함께 중국어로도 설명하였다.

　끝으로 한국어능력시험 준비를 위한 어휘 학습 교재를 함께 만들 수 있도록 제언해 주시고 도와주신 김충실 교수님과 박이정 출판사 관계자분들께 감사의 마음을 전한다. 이 책이 한국어를 공부하는 많은 사람들에게 조금이라도 도움이 되기를 바란다.

学习外语时词汇的重要性大家都有体会，越是高级词汇的数量及其重要性也就越突出。

此书是为韩国语学习者编写的韩国语能力考试词汇部分的应试教材，掌握此书中的题型不仅对词汇领域的应试有帮助，而且为其他领域的应试也有必要。此书避免使用疑难措辞，使学习者容易理解。而且此书分为初级和高级，以意义理解，意义关系，结构关系对词汇进行了分类说明。

此书里提及的所有例题及练习题都是以历届韩国语能力考试作为研究基础的。每章提供例题并加以说明，补充了重要单词的解释，列出了几道练习题。

最后，特别感谢为韩国语能力考试系列教材设计整体方案的金忠实教授，同时也感谢博而精出版社的相关人员，希望此书能为韩国语学习者有所帮助。

차 례 (目录)

초급어휘

1. 명사 출제경향분석과 출제형식
   (名词类题目的出题倾向及类型分析)

2. 동사 출제경향분석과 출제형식
   (动词类题目的出题倾向及类型分析)

3. 형용사 출제경향분석과 출제형식
   (形容词类题目的出题倾向及类型分析)

4. 부사 출제경향분석과 출제형식
   (副词类题目的出题倾向及类型分析)

명사 출제경향분석과 출제형식
(名词类题目的出题倾向及类型分析)

　　초급에서 어휘영역은 5회부터 9회 시험을 기준으로 했을 때 평균적으로 12~15문제가 출제되었다. 1급에서 13~14문제 그리고 2급에서 12~13문제 정도가 각각 출제되었다. 그러나 10회 시험부터 1급과 2급을 합쳐서 초급 시험으로 치러지고 있는 데 10회 시험에서 초급 어휘영역은 총 12문제가 출제되었다. 이중에서 명사와 관련된 문제는 2문제가 출제되었다. 시험에 출제된 문제의 수는 적지만 명사 관련 어휘는 한국어 학습용 기초 어휘 중에서 가장 많은 수를 차지하고 있다. 따라서 명사 관련 어휘들을 모두 익혀서 어휘영역뿐만 아니라 문법, 듣기, 읽기, 쓰기의 다른 영역을 공부하는데 도움이 될 수 있도록 하여야 한다.

译文

　　从第五届至第九届的能力考试来看, 初级中的词汇部分平均每次有12－15题出现。其中, 一级和二级中各有13－14题和12－13题。但是从第十届TOPIK开始, 一级和二级合并为初级。第十届中, 初级词汇部分共占12道题。其中, 与名词相关的题目有两道。尽管题目中的相关题目数量有所减少, 但名词词汇在韩语学习的基础词汇中, 所占的比例是最大的。因此, 我们要熟练掌握名词类词汇。这样, 不仅对词汇部分, 对语法、听力、阅读、作文等其他方面的学习也是大有裨益的。

명사와 관련해서 출제된 문제의 유형을 크게 세 가지로 나눌 수 있다.
名词类题目大体可分为三种。

▶ 첫 번째 유형: 알맞은 말을 괄호 안에 넣기
第一种: 括号内填入恰当的单词

▶ 두 번째 유형: 비슷한 말 고르기
第二类: 选择近义词

▶ 세 번째 유형: 반대되는 말 고르기
第三类: 选择反义词

1.2 유형별 문제 및 설명 (题目分类及解析)

1) 알맞은 말을 괄호 안에 넣기 (括号内填入恰当的单词)

※ 다음 (　　) 안에 알맞은 말을 고르십시오.

[예1]

오늘 저녁에 (　　　　)이/가 있어요?

① 생활   ② 학교

③ 시간   ④ 은행

☑ **단어**(单词)

□□ 오늘	今天	□□ 저녁	晚上
□□ 있다	有, 在	□□ 생활	生活
□□ 학교	学校	□□ 시간	时间, 小时
□□ 은행	银行		

설명 [예1]의 문제는 주어진 문장에서 (　)안에 알맞은 명사 어휘를 찾는 문제이다. 이러한 문제는 먼저 보기에 주어진 명사 어휘 각각의 정확한 뜻을 알고 있어야 하며 앞뒤의 말과 어떤 관계가 있는지 파악해야 한다. '생활이 있다, 학교가 있다, 시간이 있다, 은행이 있다'는 모두 사용 가능한 문장이다. 하지만 (　) 앞에 있는 '오늘 저녁에'라는 말은 '때'와 '시간'을 나타내는 말이며 이와 함께 사용할 수 있는 말은 '시간이 있다'가 된다. 따라서 정답은 ③번 '시간'이 된다.

解释 [例1]属于向所给句子中, 填入恰当单词的题目。对于这种题目, 首先要正确理解各选项中所给单词的意思, 还要理解其与前后单词的关系。"有生活, 有学校, 有时间, 有银行"都是讲得通的。但是, (　)前的'오늘 저녁에'表示的是"时刻""时间", 显然能与此搭配使用的是"有时间", 故正确答案为③시간。

예제

[예2]

① 관심　　　　　　　② 방법
③ 은행　　　　　　　④ 생활

☑ **단어**(单词)

- □□ 돈　　钱
- □□ 찾다
- □□ 알다　知道, 了解
- □□ 가르치다　教
- □□ 관심　关注
- □□ 방법　　　方法

설명　[예2]의 문제는 대화문에서 (　) 안에 알맞은 명사 어휘를 찾는 문제이다. 이러한 문제는 보기에 주어진 어휘의 정확한 뜻과 함께 대화문의 상황을 이해할 수 있어야 한다. 위의 상황은 은행의 '현금 지급기' 앞에서 돈을 찾는 방법을 묻고 있는 상황이다. 따라서 정답은 ②번 '방법'이 된다.

주의) ③번 '은행'은 정답이 될 수 없다. 왜냐하면 모든 은행에서 돈을 찾을 수 있기 때문에 '돈을 찾는 은행을 아세요?' 라는 문장은 적절하지 못하다. 하지만 돈을 찾고 싶은데 은행이 문을 닫아서 문을 닫지 않은 은행을 찾고 있을 때는 '돈을 찾을 수 있는 은행을 아세요?' 라는 표현으로 사용할 수 있다.

解釋　[例2]属于向对话中的 (　)内填入恰当名词的题目。对于这种题目,要能正确理解选项中所给单词的意思以及对话的情景。上面题目的情景是在银行的"现金取款机"前,询问取钱的方法。因此,正确答案为②。

注意 ③不正确。因为所有的银行都是能够取钱的,所以"你知道能取钱的银行吗"这样的问题是不恰当的。 但若是在想要取钱,而银行尚未开门的情况下,打聽营业中的银行时, "你知道(现在)能取钱的银行吗"这样的提问也是讲得通的。

2) 비슷한 말 고르기 (选择近义词)

※밑줄 친 부분과 의미가 비슷한 것을 고르십시오.

[예1]

> 시간이 있으면 이번 <u>토요일</u>에 등산을 갑시다.

① 아침 　　　　② 주말
③ 오전 　　　　④ 내일

☑ 단어(单词)

□□ 토요일	星期六	□□ 등산	登山
□□ 아침	早晨, 早饭	□□ 주말	周末
□□ 오전	上午	□□ 내일	明天

[예1]의 문제는 주어진 문장에서 밑줄 친 어휘와 의미가 비슷한 명사 유의어를 찾는 문제이다. 이러한 문제는 먼저 보기에 주어진 어휘의 정확한 의미와 용법을 알고 있어야 하며, 각각의 주어진 어휘의 상하 관계를 파악하고 있으면 정답을 쉽게 찾을 수 있다. 보기에 주어진 어휘 중에서 '오전'은 '밤 12시부터 낮 12시까지의 사이'를 나타낸다. 따라서 밑줄 친 '토요일'과 바꿔서 사용할 수 있는 말은 ②번 '주말'이 정답이 된다.

解释　[例1]属于选择与句中划线词汇意义相似的名词。对于这种题型，首先要能正确理解各选项的意义和用法，还要能理解所给词汇之间的相互关系，这样才能顺利答题。各选项中③'오전'表示X 夜间12点至白天12点的时间段X，②'주말'意为周末，能与划线的X 周六X 互换，为正确答案。

[예2]

> 가: 요즘은 대학교를 졸업해도 <u>일자리</u>를 찾기가 어렵
>   다고 해요.
> 나: 맞아요. 그래서 저도 걱정이에요.

① 취미   ② 직장

③ 학교   ④ 친구

☑ 단어(单词)

□□ 졸업 毕业		□□ 일자리 工作单位	
□□ 찾다 寻找		□□ 어렵다 困难的	
□□ 걱정 担心		□□ 취미 兴趣, 爱好	
□□ 직장 工作单位		□□ 친구 朋友	

설명 [예2]의 문제는 주어진 대화문에서 밑줄 친 말과 의미가 비슷한 말을 찾는 문제이다. 밑줄 친 어휘의 정확한 뜻과 문장 안에서 어떤 의미로 사용되었는지를 파악하는 것이 중요하다. 먼저 밑줄 친 '일자리'라는 어휘는 '돈을 벌기 위하여 일하는 곳'이라는 의미를 가지고 있다. 보기에서 이와 비슷한 의미로 사용될 수 있는 어휘를 찾기 위해서 주어진 어휘의 의미를 살펴보면 '취미'는 '직업이 아닌 즐기기 위하여 또는 좋아서 하는 일'이라는 의미로 사용되며, '직장'은 '돈을 벌기 위하여 일하는 장소'라는 뜻으로 사용된다. 따라서 밑줄 친 '일자리'와 비슷한 의미로 사용될 수 있는 어휘는 ②번이 된다.

解释 [例1]也属于选择与句中划线词汇意义相似的名词的题目。解答这种题的关键是要正确理解划线词的意思和其在句中所表达的含义。划线的일자리是指"为了赚钱而劳动的地点。即工作单位"。下面再来看一下各选项的意思，从中找出它的近义词。①'취미'是指"不是为了工作，而是为了享受或喜欢做的事情"。②'직장'是指"为了赚钱而劳动的地点，即工作单位"。显然，与划线词意义相同的词汇是②。

3) 반대되는 말 고르기 (选择反义词)

※밑줄 친 부분과 의미가 <u>반대인 것</u>을 고르십시오.

[예1]

가: 노박 씨는 언제 고향에 돌아가요?
나: 내년 2월에 <u>졸업</u>하면 고향에 갈 거예요.

① 입학　　　　　② 퇴학
③ 휴학　　　　　④ 복학

☑ **단어**(单词)

□□ 졸업　毕业　　　　□□ 입학　入学
□□ 퇴학　退学　　　　□□ 휴학　休学
□□ 복학　休学一段时间后, 重新返校读书

설명 [예1]의 문제는 주어진 대화문에서 밑줄 친 말과 반대의 의미로 사용될 수 있는 명사 반의어를 찾는 문제이다. 먼저 밑줄 친 '졸업'의 의미는 '학생이 규정에 따라 일정한 교과 과정을 마친 것'을 뜻한다. 따라서 이와 반대되는 의미는 '마치다'가 아니라 '시작하다'는 의미를 가진 어휘를 찾아야 한다. 보기에서 이와 같은 의미를 가진 어휘는 ①번 '입학'이다.

'복학'은 '일정 기간 학교를 쉬었다가 다시 학교를 다닌다'는 뜻으로 사용될 수 있다.

解释 [例1]属于选择与与句中划线名词意义对立的反义词的题目。首先, 划线的'졸업'是指"学生按规定结束一定学校课程, 卽毕业"的意思。所以, 与此对立的意思不应再是"学生按规定结束一定学校课程, 卽毕业", 而应选择表示"开始"意义的词汇, 显然, 表示此含义的是①'입학'。④'복학'的意思是"休学一段时间后, 重新返校读书"。

[예2]

> 가: <u>출근</u> 시간에 지하철이 복잡해요?
> 나: 아니요, 출근 시간보다 (　　) 시간이 더 복잡해요.

① 등교　　　　　　② 퇴근
③ 결석　　　　　　④ 지각

☑ **단어**(单词)

□□ 출근	上班	□□ 복잡하다	复杂的
□□ 등교	去上学	□□ 퇴근	下班
□□ 결석	缺席, 缺课	□□ 지각	迟到

설명　[예2]경우는 '가'의 질문에 대한 대답으로 사용된 '나' 문장 안에서 적절한 어휘를 찾아야 한다. 이러한 유형의 문제는 밑줄 친 어휘의 정확한 뜻과 용법뿐만 아니라 대화문의 상황을 이해하고 있어야 해결할 수 있는 문제이다. '가'에 밑줄 친 '출근'이라는 어휘는 '직장으로 일을 하러 가는 것'을 나타내는 말이지만 '나'에서는 이와 반대되는 의미인 '일을 마치고 돌아오는 것'의 의미를 가진 어휘가 적절하다.

따라서 밑줄 친 '출근'에 반대되는 의미로 사용될 수 있는 말은 ②번 '퇴근'이 정답이 된다.

解释　[例2]的情况, 是在对'가'所提问题作答的'나'句中, 填入合适的单词。对于这种题目, 不仅要能正确理解划线词的意义和用法, 还要能理解对话的情景。这样才能正确解答。尽管'출근'的意思是"去单位工作, 即上班", 但答句中与此相反的意思不应再是"去单位工作", 而应为"结束工作后回去", 表示此意的词才是恰当的。所以与'출근'意义相反的'퇴근'是正确答案。

1.3 연습문제 (练习)

1) 알맞은 말을 괄호 안에 넣기 (括号内填入恰当的单词)

※다음 ( ) 안에 알맞은 말을 고르십시오.

[1]

> 가: 다음 주에 전화할게요. 전화 (   )를 말씀해
> 주시겠어요?
> 나: 647 - 3549예요.

① 주소　　② 연락　　③ 번호　　④ 안내

단 어	
□ 주소	住址
□ 연락	联系, 联络
□ 번호	号码
□ 안내	接待, 带领, 介绍

[2]

> 가: 얼굴이 안 좋아 보여요. 어디 아파요?
> 나: 아니에요. 지갑을 잃어버려서 (   )이 좀
> 안 좋아서 그래요.

① 생각　　② 점수　　③ 기분　　④ 성격

□ 얼굴	脸
□ 아프다	疼, 不舒服
□ 지갑	钱包
□ 생각	想法
□ 점수	分数
□ 기분	心情, 情绪; 气氛
□ 성격	性格

[3]

> 가: 무슨 전공을 하면 졸업 후에 (   )이/가
> 잘 돼요?
> 나: 글쎄요. 저도 잘 모르겠어요.

① 마음　　② 계획　　③ 취직　　④ 특기

□ 전공	专业
□ 마음	心, 心地
□ 계획	计划
□ 취직	就业
□ 특기	特长

2) 비슷한 말 고르기 (选择近义词)

※밑줄 친 부분과 의미가 비슷한 것을 고르십시오.

[1]

> 이 옷은 <u>가격</u>이 얼마입니까?

① 무게 ② 값
③ 크기 ④ 길이

[2]

> 가: 민수 씨는 언제 졸업했어요?
> 나: 저는 <u>지난해</u> 가을에 졸업했어요.

① 작년 ② 올해
③ 내년 ④ 금년

[3]

> 가: 진수 씨, 무슨 <u>고민</u>이 있어요? 얼굴이 안 좋아
> 보여요.
> 나: 요즘 숙제가 많아서 좀 피곤해서 그래요.

① 경험 ② 내용
③ 걱정 ④ 느낌

단어

□ 가격	价格
□ 무게	重量
□ 값	价格
□ 크기	大小
□ 길이	长度

□ 지난해	去年
□ 작년	去年
□ 올해	今年
□ 내년	明年
□ 금년	今年

□ 고민	苦恼
□ 얼굴	脸蛋
□ 숙제	作业
□ 피곤하다	疲劳
□ 경험	经验
□ 내용	内容
□ 걱정	担心, 忧虑
□ 느낌	感觉

3) 반대되는 말 고르기 (选择反义词)

※밑줄 친 부분과 의미가 반대인 것을 고르십시오.

[1]
> 가: 수진 씨는 어릴 때부터 <u>도시</u>에서 살았어요?
> 나: 네, 저는 지금까지 서울에서 계속 살았어요.

① 서울　　　　② 시골
③ 외국　　　　④ 국내

[2]
> 가: 진창 씨는 수업 후에 항상 도서관에 가요?
> 나: 네, 도서관에서 수업 시간에 배운 것을 <u>복습</u>해요.

① 숙제　　　　② 예습
③ 공부　　　　④ 시험

[3]
> 가: 수진 씨는 쉬는 시간에 늘 음악을 듣는 것 같아
> 　　요. 수진 씨는 어떤 음악을 좋아해요?
> 나: 저는 <u>고전</u> 음악을 자주 들어요.

① 지금　　　　② 현대
③ 미래　　　　④ 현재

단어

□ 도시	城市
□ 계속	继续
□ 살다	生活, 住
□ 시골	乡村
□ 외국	外国
□ 국내	国内

□ 항상	总是, 一直
□ 복습	复习
□ 숙제	作业
□ 예습	预习
□ 시험	考试

□ 음악	音乐
□ 고전	古典, 经典
□ 현대	现代
□ 미래	未来
□ 현재	现在

<table>
<tr><td>1.4</td><td colspan="2">상황별 명사 어휘 모음 (各情景下名词汇总)</td></tr>
</table>

No	어휘		대표 상황	
1	가게	店铺	물건사기	买东西
2	가방	书包	수업	上课
3	가슴	胸, 心	병원	医院
4	가을	秋天	날씨	天气
5	가족	家族	소개하기	介绍
6	가지	种类	기타	其他
7	값	价格	물건사기	买东西
8	강	江	길찾기	问路
9	개	狗	물건사기	买东西
10	거리	距离	길찾기	问路
11	건강	健康	병원	医院
12	건물	建筑物	길찾기	问路
13	검사	检查	수업	上课
14	겁	害怕	위험	危险
15	겨울	冬天	날씨	天气
16	결석	缺席	수업	上课
17	결혼	结婚	소개하기	介绍
18	경제	经济	소개하기	介绍
19	경찰서	警察局	위험	危险
20	계단	台阶	길찾기	问路
21	계산	算, 计算	물건사기	买东西
22	고기	肉, 鱼	물건사기	买东西
23	고등학교	高中	수업	上课
24	고향	故乡	소개하기	介绍
25	곳	地方	길찾기	问路
26	공기	空气	날씨	天气
27	공장	工厂	길찾기	问路
28	공책	笔记本, 作业本	수업	上课
29	공항	机场	길찾기	问路
30	과일	水果	물건사기	买东西
31	교과서	教科书	수업	作业
32	교문	校门	수업	上课
33	교수	教授	수업	上课
34	교실	教室	수업	上课
35	교회	教会	길찾기	问路

No	어휘		대표 상황	
36	구름	云	날씨	天气
37	구멍	洞, 窟窿	기타	其他
38	구석	角落	기타	其他
39	국민	国民	소개하기	介绍
40	권	本	물건사기	买东西
41	귀	耳朵	병원	医院
42	그늘	树阴	기타	其他
43	그릇	碗, 器皿	물건사기	买东西
44	그림	画	소개하기	介绍
45	근처	附近	길찾기	问路
46	금요일	星期五	약속	约会, 约定
47	기계	机器, 机械	기타	其他
48	기도	企图, 祈祷	기타	其他
49	기술	技术	소개하기	介绍
50	기차	火车	길찾기	问路
51	길	路	길찾기	问路
52	김치	泡菜	한국문화	韩国文化
53	꽃	花	물건사기	买东西
54	나라	国家	소개하기	介绍
55	나무	树	묘사하기	描写
56	나이	年龄	소개하기	介绍
57	날	天, 天气, 日子	날씨	天气
58	날씨	天气	날씨	天气
59	남자	男人	소개하기	介绍
60	남편	丈夫	소개하기	介绍
61	낮	昼, 白天	약속	约定, 诺言
62	내일	明天	약속	约定, 诺言
63	냄새	味道	묘사하기	描写
64	년	年	소개하기	介绍
65	노래	歌曲	소개하기	介绍
66	노력	努力	소개하기	介绍
67	놀이	游戏	기타	其他
68	누나	姐姐	소개하기	介绍
69	눈	眼睛	묘사하기	描写
70	눈물	眼泪	병원	医院
71	다리	腿, 桥	묘사하기	描写
72	다음	接下来, 下一个, 然后	수업	上课
73	달	月亮, 月	기타	其他
74	닭	鸡	기타	其他
75	담배	香烟	물건사기	买东西

No	어휘		대표 상황	
76	대답	回答	수업	上课
77	대사관	大使馆	길찾기	问路
78	대학	大学, 学院	수업	上课
79	대학교	(综合) 大学	수업	上课
80	대학생	大学生	수업	上课
81	대화	对话	수업	上课
82	댁	家, 府上	소개하기	介绍
83	도서관	图书馆	수업	上课
84	도시	城市	소개하기	介绍
85	돈	钱	물건사기	买东西
86	동네	小区, 村	소개하기	介绍
87	동생	弟弟	소개하기	介绍
88	돼지	猪	묘사하기	描写
89	뒤	后面	길찾기	问路
90	딸	女儿	소개하기	介绍
91	땀	汗水	날씨	天气
92	떡	糕	한국문화	韩国文化
93	뜻	意思	수업	上课
94	라면	方便面	물건사기	买东西
95	러시아	俄国	소개하기	介绍
96	마을	村子	소개하기	介绍
97	마음	心, 心地	기타	其他
98	마지막	最后	기타	其他
99	말	话	수업	上课
100	맛	味道	묘사하기	描写
101	맞춤법	拼写法, 正字法	수업	上课
102	머리	脑袋, 头	묘사하기	描写
103	멋	魅力	묘사하기	描写
104	며칠	几天	약속	约定, 约会
105	모양	模样	묘사하기	描写
106	모자	帽子	묘사하기	描写
107	목	脖子, 喉咙	병원	医院
108	목요일	星期四	약속	约定, 约会
109	몸	身体	병원	医院
110	문	门	수업	上课
111	문제	问题, 题目	수업	上课
112	문화	文化	한국문화	韩国文化
113	물	水	위험	危险
114	물건	东西, 物品	물건사기	买东西
115	미국	美国	소개하기	介绍

No	어휘		대표 상황	
116	밑	下面，底下	묘사하기	描写
117	바다	大海	묘사하기	描写
118	바닥	地板，地面	묘사하기	描写
119	바람	风	날씨	天气
120	바지	裤子	물건사기	买东西
121	밖	外面	길찾기	问路
122	반	班级，半，一半	수업	上课
123	발	脚	병원	医院
124	발음	发音	수업	上课
125	밤	晚上	약속	约定, 约会
126	밥	饭	한국문화	韩国文化
127	방문	访问	방문	访问
128	방학	放假	수업	上课
129	배	肚子	병원	医院
130	백화점	百货店	물건사기	买东西
131	버스	公共汽车	길찾기	问路
132	번	次，轮班	수업	上课
133	벌	罚	물건사기	买东西
134	벽	墙	수업	上课
135	병	病	병원	医院
136	병원	医院	병원	医院
137	복도	走廊	수업	上课
138	복습	复习	수업	上课
139	볼펜	圆珠笔	수업	上课
140	봄	春天	날씨	天气
141	부모	父母	소개하기	介绍
142	부엌	厨房	방문	访问
143	부인	夫人	소개하기	介绍
144	부자	富翁	기타	其他
145	부탁	拜托，请求	소개하기	介绍
146	분	分钟	약속	约定, 约会
147	분필	粉笔	수업	上课
148	불	火	위험	危险
149	불고기	烤肉	한국문화	韩国文化
150	비	雨	날씨	天气
151	비누	肥皂	방문	访问
152	비행기	飞机	길찾기	问路
153	빌딩	大厦	길찾기	问路
154	빵	面包	물건사기	买东西
155	사과	苹果	물건사기	买东西
156	사람	人	소개하기	介绍

No	어휘		대표 상황	
157	사랑	爱	소개하기	介绍
158	사용	使用	위험	危险
159	사이	之间, 时间, 关系	길찾기	问路
160	사전	字典	수업	上课
161	사진	照片	방문	访问
162	산	山	길찾기	问路
163	살	岁	소개하기	介绍
164	상	桌子, 奖赏, 上	방문	访问
165	상처	伤口, 创伤	병원	医院
166	새벽	凌晨, 黎明	약속	约会, 约定
167	색	颜色	물건사기	买东西
168	생선	鲜鱼	물건사기	买东西
169	서울	首尔	길찾기	问路
170	선물	礼物	방문	访问
171	선생	老师	수업	上课
172	선수	选手	기타	其他
173	설날	新年	한국문화	韩国文化
174	설명	说明, 解说	수업	上课
175	성격	性格	소개하기	介绍
176	세계	世界	기타	其他
177	세탁소	洗衣店, 洗衣房	길찾기	问路
178	소	牛	기타	其他
179	소개	介绍	소개하기	介绍
180	소리	声音	수업	上课
181	소설	小说	소개하기	介绍
182	소식	消息	기타	其他
183	소풍	出游, 远足	수업	上课
184	손	手	병원	医院
185	손님	客人	방문	访问
186	수건	毛巾	기타	其他
187	수업	上课	수업	上课
188	수요일	星期三	약속	约会, 约定
189	숙제	作业	수업	上课
190	숟가락	勺	한국문화	韩国文化
191	시	…点	약속	约会, 约定
192	시간	小时, 时间	약속	约会, 约定
193	시계	手表	기타	其他
194	시골	山村	소개하기	介绍
195	시작	开始	수업	上课
196	시장	市场	물건사기	买东西

No	어휘		대표 상황	
197	시험	考试	수업	上课
198	식당	食堂	물건사기	买东西
199	식사	饭, 餐	물건사기	买东西
200	신문	报纸	기타	其他
201	신발	鞋	물건사기	买东西
202	실례	失礼, 不礼貌	방문	访问
203	아내	老婆, 妻子	소개하기	介绍
204	아들	儿子	소개하기	介绍
205	아래	下面	길찾기	问路
206	아버지	爸爸	소개하기	介绍
207	아이	孩子	소개하기	介绍
208	아저씨	大叔	소개하기	介绍
209	아주머니	大妈	소개하기	介绍
210	아침	早晨, 早饭	약속	约会, 约定
211	아파트	公寓	길찾기	问路
212	안개	介绍, 带领	날씨	天气
213	앞	前面	길찾기	问路
214	약	药	병원	医院
215	약국	药店, 药房	병원	医院
216	약속	约会, 约定	약속	约会, 约定
217	양식	方式, 格式, 形势	기타	其他
218	어디	哪里	길찾기	问路
219	어른	成年人	기타	其他
220	어머니	妈妈, 母亲	소개하기	介绍
221	어제	昨天	약속	约会, 约定
222	언니	姐姐	소개하기	介绍
223	얼굴	脸	묘사하기	描写
224	여권	护照	위험	危险
225	여름	夏天	날씨	天气
226	여자	女人	소개하기	介绍
227	여행	旅行	길찾기	问路
228	역	车站	길찾기	问路
229	역사	历史	소개하기	介绍
230	연극	话剧	소개하기	介绍
231	연락처	联络处, 办事处	약속	约会, 约定
232	연습	练习, 演习	수업	上课
233	연필	铅笔	수업	上课
234	열	热, 起劲儿	수업	上课
235	영	零, 完全	약속	约会, 约定
236	영어	英语	길찾기	问路

No	어휘		대표 상황	
237	영화	电影	수업	上课
238	옆	旁边	약속	约会, 约定
239	예습	预习	수업	上课
240	예약	预约	약속	约会, 约定
241	옛날	以前, 过去	기타	其他
242	오늘	今天	약속	约会, 约定
243	오른쪽	右边	길찾기	问路
244	오빠	哥哥 (妹称)	소개하기	介绍
245	오후	下午	약속	约会, 约定
246	옷	衣服	물건사기	买东西
247	외국	外国	기타	其他
248	왼쪽	左边	길찾기	问路
249	요금	费用	물건사기	买东西
250	요즘	最近, 近来	약속	约会, 约定
251	우산	雨伞	날씨	天气
252	우체국	邮局	물건사기	买东西
253	우표	邮票	물건사기	买东西
254	운동	运动	소개하기	介绍
255	원	元	물건사기	买东西
256	월	月	약속	约会, 约定
257	월요일	星期一	약속	约会, 约定
258	위	上面	길찾기	问路
259	은행	银行	길찾기	问路
260	음식	食物	소개하기	介绍
261	음악	音乐	소개하기	介绍
262	의사	医生	병원	医院
263	의자	椅子	수업	上课
264	이름	名字	소개하기	介绍
265	이마	额头	병원	医院
266	이번	这一次	기타	其他
267	이사	搬家	기타	其他
268	이야기	话, 故事, 闲谈	수업	上课
269	이유	理由	기타	其他
270	이틀	两天	약속	约会, 约定
271	인사	问候	소개하기	介绍
272	인삼	人参	한국문화	韩国文化
273	일본	日本	소개하기	介绍
274	일요일	星期日	약속	约会, 约定
275	입	口	병원	医院
276	자동차	汽车	길찾기	问路

No	어휘		대표 상황	
277	자리	座位	수업	上课
278	잠	睡眠	기타	其他
279	잡지	杂志	물건사기	买东西
280	장	集市, 酱油	물건사기	买东西
281	장소	地点, 场所	약속	约会, 约定
282	재미	兴趣, 趣味	수업	上课
283	저녁	晚上	약속	约会, 约定
284	전	…前	약속	约会, 约定
285	전기	电, 电灯, 前期	기타	其他
286	전화	电话	약속	约会, 约定
287	점심	午饭	약속	约会, 约定
288	젓가락	筷子	한국문화	韩国文化
289	정말	真的	기타	其他
290	정신	精神	기타	其他
291	종이	纸, 纸张	수업	上课
292	주소	住址	약속	约会, 约定
293	주인	主人, 老板	물건사기	买东西
294	주차장	停车场	길찾기	问路
295	준비	准备	수업	上课
296	줄	绳子, 线, 对	수업	上课
297	중간	中间	수업	上课
298	중국	中国	소개하기	介绍
299	쥐	老鼠	기타	其他
300	지각	迟到	수업	上课
301	지도	地图	길찾기	问路
302	지방	地区, 地方	길찾기	问路
303	지우개	橡皮	수업	上课
304	지하철	地铁	길찾기	问路
305	직업	职业	소개하기	介绍
306	질문	疑问, 问题	수업	上课
307	짐	行李, 负担	길찾기	问路
308	집	家	소개하기	介绍
309	쪽	页码	수업	上课
310	차	车	길찾기	问路
311	창문	窗户	수업	上课
312	책	书	수업	上课
313	책상	课桌	수업	上课
314	처음	开始	기타	其他
315	추석	中秋	한국문화	韩国文化
316	출석	出席	수업	上课

No	어휘		대표 상황	
317	춤	舞蹈, 舞	기타	其他
318	층	层	길찾기	问路
319	친구	朋友	기타	其他
320	칠판	黑板	수업	上课
321	침대	床	기타	其他
322	칼	刀	기타	其他
323	커피	咖啡	방문	访问
324	코	鼻子	병원	医院
325	키	个子, 身高	소개하기	介绍
326	태권도	跆拳道	한국문화	韩国文化
327	태극기	太极旗	한국문화	韩国文化
328	택시	出租车	길찾기	问路
329	토요일	星期六	약속	约会, 约定
330	팔	胳膊	병원	医院
331	편지	信	약속	约会, 约定
332	평화	和平	기타	其他
333	표	表格, 票, 牌	물건사기	买东西
334	하늘	天空	날씨	天气
335	하숙집	家庭旅馆, 廉价旅馆	수업	上课
336	학교	学校	수업	上课
337	학생	学生	수업	上课
338	학생증	学生证	수업	上课
339	한국	韩国	한국문화	韩国文化
340	한국어	韩国语	한국문화	韩国文化
341	한복	韩服	한국문화	韩国文化
342	한식	韩食	한국문화	韩国文化
343	해	年	날씨	天气
344	한자	汉字	수업	上课
345	할머니	奶奶	소개하기	介绍
346	할아버지	爷爷	소개하기	介绍
347	행복	幸福	기타	其他
348	형	哥哥	소개하기	介绍
349	형제	兄弟	소개하기	介绍
350	호텔	旅馆	길찾기	问路
351	화요일	星期二	약속	约会, 约定
352	화장실	厕所, 洗手间	방문	访问
353	환자	患者	병원	医院
354	회사	公司	소개하기	介绍
355	횡단보도	人行横道	길찾기	问路
356	후	…后	약속	约会, 约定
357	힘	力量	기타	其他

동사 출제경향분석과 출제형식
(动词类题目的出题倾向及类型分析)

　　10회 한국어능력시험을 기준으로 했을 때 동사 관련 어휘 문제는 전체 어휘 문제 12문제 중에서 총 3문제가 출제되었다. 동사 관련 문제는 가장 기초적인 어휘를 묻는 문제가 중심을 이루고 있다. 따라서 문맥 안에서 상황에 가장 알맞은 어휘나 비슷한 말이나 반대되는 말을 찾을 수 있어야 한다. 동사 관련 어휘 역시 한국어능력시험에서 어휘영역뿐만 아니라 다른 영역과도 밀접한 관계가 있으므로 기초 어휘를 중심으로 익혀두는 것이 필요하다.

译文

　　从第十回韩国语能力考试来看, 与动词相关的词汇题在12道词汇题中占了三个。动词类词汇题的重点仍是最基础的词汇, 要能找出最适合文章情景的词汇, 以及其近义词、反义词。在韩语能力考试中, 与动词相关的词汇题不仅在词汇部分出现, 而且与其他部分也有密切联系。所以, 熟练掌握以基础词汇为核心的动词词汇是很有必要的。

동사와 관련해서 출제된 문제의 유형을 크게 세 가지로 나눌 수 있다.
与动词相关联的词汇题大体上可分为三类。

▶ 첫 번째 유형: 알맞은 말을 괄호 안에 넣기
第一种: 在括号内填入合适的单词

▶ 두 번째 유형: 비슷한 말 고르기
第二种: 选择近义词

▶ 세 번째 유형: 반대되는 말 고르기
第三种: 选择反义词

2.2 유형별 문제 및 설명 (題目分类及解析)

1) 알맞은 말을 괄호 안에 넣기 (括号内 填入恰当的单词)

※ 다음 (　　) 안에 알맞은 말을 고르십시오.

[예1]

친구와 같이 점심을 (　　　　　).

① 봐요
② 읽어요
③ 가요
④ 먹어요

☑ **단어**(单词)

□□ 같이　一起	□□ 점심　午餐
□□ 보다　看	□□ 읽다　读
□□ 가다　去, 走	□□ 먹다　吃

설명　[예1]의 문제는 주어진 문장에서 (　) 안에 알맞은 동사 어휘를 찾는 문제이다. 이러한 문제는 보기에 주어진 동사의 기본 의미와 함께 앞에 주어진 말과의 관계를 파악하고 있어야 한다. '보다, 읽다, 가다, 먹다'는 모두 기본 동사 어휘이지만 위 문장에서 '점심을 - '과 같이 사용될 수 있는 말은 '먹다'가 된다. 정답은 ④번이 된다.

解释　[例1]属于向所给句子的(　)中填入合适单词的题目。对于这种问题, 要能正确理解所给动词的基本意义和动词与其前面动词之间的关系。尽管'보다, 읽다, 가다, 먹다'都是基本动词, 但其中能与'점심을'搭配使用的只有'먹다'。故正确答案为④。

[예2]

> 가: 한국어 사전이 있어요?
> 나: 네, 있어요. 어제 서점에서 사전을 (   ).

① 샀어요
② 찾았어요
③ 팔았어요
④ 보냈어요

☑ 단어(单词)

□□ 사전 词典, 字典	□□ 서점 书店
□□ 사다 买	□□ 찾다 寻找
□□ 팔다 卖	□□ 보내다 送, 寄, 派遣

설명 [예2]의 문제는 대화문에서 ( ) 안에 알맞은 말은 찾는 문제이다. 먼저 보기에 주어진 어휘의 기본형 '사다, 찾다, 팔다, 보내다'와 각각의 기본적인 의미를 알고 있어야 한다. 그리고 앞에 주어진 '서점'이라는 어휘의 의미와 함께 일반적으로 '서점'에서 할 수 있는 행위를 파악할 수 있어야 한다. 서점에서 이루어질 수 있는 행위는 '사전을 사다, 사전을 찾다, 사전을 팔다'가 가능하다. 하지만 '가'와 '나'의 대화 상황을 살펴보았을 때, '나'는 사전이 없었지만 어제 서점에서 사전을 샀기 때문에 지금은 사전을 가지고 있는 상황이 된다. 따라서 정답은 ①번 '샀어요'가 된다.

解释 [例2]是在对话( )中填入合适的单词, 先来看一下各选项单词的基本形分别是 '사다, 찾다, 팔다, 보내다', 要能理解它们的基本意思。另外, 还要想到前文的"书店"之中可能出现的情况。书店中可能发生的是"买字典, 找字典, 买字典", 有可能为正确答案。然后, 再来看一下双方的对话情景。'나'尽管过去没字典, 但昨天已经从书店里买了字典, 所以现在有字典了。所以, 正确答案为①샀어요.

2) 비슷한 말 고르기 (选择近义词)

※밑줄 친 부분과 의미가 비슷한 것을 고르십시오.

[예1]

> 기숙사에서 한국 친구와 한국말로 <u>이야기를 해요</u>.

① 운동해요
② 공부해요
③ 여행해요
④ 말해요

☑ **단어**(单词)

□□ 기숙사　宿舍	□□ 이야기하다　聊天
□□ 운동하다 运动	□□ 공부하다　　学习

설명　[예1]의 문제는 주어진 문장에서 밑줄 친 동사 유의어를 찾는 문제이다. 먼저 밑줄 친 '이야기하다'의 의미는 '어떤 것에 대해서 일정한 줄거리를 가지고 하는 말이나 글을 쓰는 행위'라는 의미로 사용되었다. 따라서 보기에서 이러한 의미로 사용된 어휘는 '사람의 생각이나 느낌을 표현하는 행위'를 나타내는 말인 ④번 '말하다'가 정답이 된다.

解释　[例1]是选出所给句子中画线动词的同义词, 画线的'이야기하다'意思是"对于某事, 就其概况说话或写文章的行为, 即聊天或写文章"。再来看一下各选项, ④말해요意思是"表达人们的思想或感觉的行为, 即说话", 意义相近, 故为正确答案。

예제

[예2]

> 가: 수진 씨, 오랜만이에요.
>
> 나: 네, 오랜만이에요. 그 동안 잘 <u>지냈어요?</u>

① 만났어요

② 있었어요

③ 찾았어요

④ 보았어요

✓ 단어(单词)

□□ 오랜만이다	好久不见
□□ 그동안	最近, 近来
□□ 지내다	过, 生活
□□ 만나다	见面, 遇见
□□ 있다	有, 在
□□ 찾다	寻找

설명 [예2] 밑줄 친 어휘와 보기에 주어진 어휘의 정확한 뜻과 용법을 알고 있어야 해결할 수 있는데, 먼저 밑줄 친 '지내다'의 뜻을 보면 '사람이 어떤 장소에서 생활을 하면서 시간이 지나가는 상태가 되게 하는 것'을 의미한다.

'있다'는 '사람이나 동물이 어느 곳에 머물다'라는 뜻으로 사용될 수 있다. 따라서 주어진 보기에서 밑줄 친 '지내다'와 가장 비슷한 의미로 사용될 수 있는 말은 ②번 '있다'가 된다.

解释 [例2]中, 只有正确理解划线部分和各选项的意义和用法, 才能正确答题。首先, 划线的지내다是指"随着人们在某地的生活, 时间流逝的状态, 渡过"。②'있다'可以表示"人或动物在某地停留的意思, 有, 在", 与划线词意义最接近, 为正确答案。

3) 반대되는 말 고르기 (选择反义词)

※밑줄 친 부분과 의미가 반대인 것을 고르십시오.

[예1]

> 날씨가 추우니까 두꺼운 옷을 <u>입으세요.</u>

① 드세요
② 벗으세요
③ 신으세요
④ 쓰세요

☑ **단어**(单词)

□□ 어렵다　难, 困难的
□□ 없다　　没有
□□ 많다　　多
□□ 적다　　少, 记录
□□ 신다　　穿(鞋)
□□ 벗다　　脱
□□ 들다　　提着
□□ 쓰다　　使用, 戴(帽), 撑(伞)

설명　[예1] 밑줄 친 어휘와 보기에 주어진 어휘의 의미와 용법을 알고 있으면 쉽게 해결할 있는 문제이다. 밑줄 친 '입다'와 반대되는 의미로 사용될 수 있는 어휘는 ②번 '벗으세요'가 된다.

'들다'는 '가방을 들다'로 사용할 수 있으며, '신다'는 '신발을 신다, 양말을 신다'로 사용할 수 있다. 그리고 '쓰다'는 '모자를 쓰다, 안경을 쓰다'로 사용할 수 있다.

解釋　[例1]中, 若能理解划线词汇和选项的意义及用法, 则此题易解。显然, 与划线的 입다表示相反意义的是②벗으세요。

[예2]

> 가: 자만 씨는 주말에도 <u>일해요?</u>
> 나: 아니요, 주말에는 집에서 (   ).

① 쉬어요
② 만나요
③ 와요
④ 떠나요

☑ 단어(单词)

□□ 일하다	工作
□□ 쉬다	休息
□□ 만나다	见面, 遇见
□□ 떠나다	离开

설명 [예2]이러한 문제는 대화문 안에 사용된 어휘의 의미를 파악하는 것이 중요하다. 밑줄 친 '일하다'는 '무엇을 이루려고 어떤 장소에서 일정한 시간 동안 활동을 하는 것'을 의미한다. 따라서 '활동하는 것'이 아닌 '멈추어 있는 것'을 나타내는 의미로 사용된 어휘가 반의어가 될 수 있다. 보기에서 이와 같은 의미로 사용된 어휘는 ①번 '쉬어요'이다.

解释 对于[例2]这样的问题, 关键是要理解对话中所用词汇的意思。划线的'일하다'表示"工作, 为完成某事, 在一定地点进行的一段时间的活动, 即工作"。因此, 其反义词表示的不再应是"活动", 而应表示"停止活动", 显然, 选项中表示词意义的是①。

2.3 연습문제 (练习)

1) 알맞은 말을 괄호 안에 넣기 (括号内填入恰当的单词)

※다음 (   ) 안에 알맞은 말을 고르십시오.

[1]

> 가: 오늘 점심은 제가 (   ).
>
> 나: 네, 좋아요. 그럼 설거지는 제가 할게요.

① 식사할게요   ② 초대할게요

③ 준비할게요   ④ 부탁할게요

[2]

> 가: 자만 씨, 왜 이렇게 화가 났어요?
>
> 나: 5시에 만나기로 한 친구가 약속을 (   ).

① 마셨어요   ② 어겼어요

③ 어려웠어요   ④ 지켰어요

[3]

> 가: 진수 씨는 새해 계획이 뭐예요?
>
> 나: 저는 올해부터 술하고 담배를 (   ) 해요.

① 끊으려고   ② 닫으려고

③ 맡으려고   ④ 끓이려고

단어

☐ 설거지	收拾, 刷锅洗碗	
☐ 식사하다	吃饭	
☐ 초대하다	招待	
☐ 준비하다	准备	
☐ 부탁하다	拜托, 请求	

☐ 화가 나다	生气	
☐ 약속	约会, 约定	
☐ 마시다	喝	
☐ 어기다	违背	
☐ 어렵다	困难的	
☐ 지키다	遵守	

☐ 새해	新年	
☐ 끊다	弄断	
☐ 닫다	关(门)	
☐ 맡다	担负, 闻	
☐ 끓이다	煮	

2) 비슷한 말 고르기 (选择近义词)

※밑줄 친 부분과 의미가 비슷한 것을 고르십시오.

단어

[1]

> 어제 중국에 있는 친구가 전화를 <u>했어요.</u>

① 들었어요　　② 왔어요

③ 걸었어요　　④ 알았어요

☐ 들다	进入
☐ 걸다	挂
☐ 알다	知道, 了解

[2]

> 가: 향나 씨는 주말에 뭐 했어요?
> 나: 한국 친구와 같이 경주에 <u>갔다 왔어요.</u>

① 다녀왔어요　　② 들어왔어요

③ 돌아갔어요　　④ 올라왔어요

☐ 다녀오다	回来
☐ 들어오다	近来
☐ 돌아가다	回去
☐ 올라오다	上去

[3]

> 가: 건나 씨, 책이 비싸서 돈이 좀 <u>모자라는데</u> 빌려
> 　　줄 수 있어요?
> 나: 네, 제가 빌려 줄게요. 얼마가 필요해요?

① 정확한데　　② 비슷한데

③ 충분한데　　④ 부족한데

☐ 모자라다	不足
☐ 빌리다	借给
☐ 필요하다	需要
☐ 정확하다	正确
☐ 비슷하다	相似
☐ 충분하다	充足的, 充分的
☐ 부족하다	不足

3) 반대되는 말 고르기 (选择反义词)

※밑줄 친 부분과 의미가 반대인 것을 고르십시오.

[1]
> 가: 만수 씨, 내일 약속 시간이 2시니까 잘 <u>기억하세요</u>
>
> 나: 네, (   ) 않고 2시까지 갈게요.

① 잊지 　　② 남기지

③ 보지 　　④ 지우지

[2]
> 가: 부산으로 가는 기차가 몇 시에 <u>출발해요</u>?
>
> 나: 오전 아홉 시에 출발해서 열 한 시 사십 분에
>
>   (   ).

① 떠나요 　　② 가요

③ 돌아가요 　　④ 도착해요

[3]
> 가: 진수 씨, 미안하지만 돈 좀 <u>빌려 주세요</u>.
>
>   다음 주에 (   ).
>
> 나: 네, 알겠어요. 얼마 필요해요?

① 버릴 게요 　　② 넣을 게요

③ 갚을 게요 　　④ 초대 할게요

--- 단어 ---

□ 기억하다　记住
□ 잊다　　　忘记
□ 남기다　　剩下
□ 지우다　　擦掉, 抹掉

□ 출발하다　出发
□ 돌아가다　回去
□ 도착하다　到达

□ 필요하다　需要
□ 버리다　　丢掉, 离弃, 献出
□ 넣다　　　放进
□ 갚다　　　还(钱)

<table style="border:1px solid black;">
2.4 상황별 동사 어휘 모음 (各情景下动词汇总)
</table>

No	어휘		대표 상황	
1	가다	走, 去	길찾기	问路
2	가르치다	教	수업	上课
3	가지다	拥有, 携带, 举办	기타	其他
4	감다	闭, 卷, 洗	기타	其他
5	건너다	过, 跨过	길찾기	问路
6	걷다	走	길찾기	问路
7	걸다	挂, 打(电话)	약속	约会, 约定
8	걸리다	花费(时间)	길찾기	问路
9	고르다	挑选	물건사기	买东西
10	고치다	修理	위험	危险
11	구하다	救, 请求	위험	危险
12	그리다	画	소개하기	介绍
13	그만두다	中途停止	위험	危险
14	그치다	停止	기타	其他
15	기다리다	等待	약속	约会, 约定
16	꾸다	借, 做(梦)	기타	其他
17	끊다	弄断, 结束, 挂断(电话)	약속	约会, 约定
18	끝나다	结束, 完成(自动词)	수업	上课
19	끝내다	结束(他动词)	수업	上课
20	나가다	出去	기타	其他
21	나오다	出来	수업	上课
22	남기다	剩下, 留下	약속	约会, 约定
23	내다	交, 付	물건사기	买东西
24	내려가다	下去	길찾기	问路
25	내리다	下, 降	길찾기	问路
26	넣다	装进, 放进	물건사기	买东西
27	놓다	放下, 放	기타	其他
28	놀라다	吃惊	기타	其他
29	놓다	放下, 放	기타	其他
30	누르다	摁, 压	기타	其他
31	다니다	来往, 上班, 上学	소개하기	介绍
32	닦다	擦	기타	其他
33	닫다	关, 闭	수업	上课
34	달리다	被挂, 带有, 取决于	기타	其他
35	닮다	像, 相似	소개하기	介绍

No	어휘		대표 상황	
36	담다	盛, 裝	물건사기	买东西
37	던지다	仍	기타	其他
38	데리다	带领	방문	访问
39	도착하다	到达	약속	约会, 约定
40	돌다	转	길찾기	问路
41	돌리다	分发, 借, 归功于	기타	其他
42	돌아가다	回去	길찾기	问路
43	돌아오다	回来	약속	约会, 约定
44	돕다	帮助	위험	危险
45	두다	放下, 下(棋)	기타	其他
46	두드리다	敲	기타	其他
47	드리다	奉送, 给	기타	其他
48	듣다	听, 听见	수업	上课
49	들다	提着	기타	其他
50	들르다	顺便进去	약속	约会, 约定
51	들리다	听见	수업	上课
52	들어가다	进去	방문	访问
53	따라하다	跟随	수업	上课
54	떠나다	离开	기타	其他
55	떠들다	吵闹	수업	上课
56	떨어지다	掉落	묘사하기	描写
57	뜨다	稀少, 飘, 离开, 慢	묘사하기	描写
58	마시다	喝	방문	访问
59	마치다	结束	수업	上课
60	막다	阻挡	기타	其他
61	만나다	见面, 遇见	소개하기	介绍
62	만들다	制作	기타	其他
63	만지다	抚摸	위험	危险
64	말다	不要…, 卷	위험	危险
65	말하다	说话	수업	上课
66	맡다	承担	묘사하기	描写
67	매다	系, 扎, 背(书包)	기타	其他
68	멈추다	停止	기타	其他
69	모르다	不知道	수업	上课
70	모시다	供奉, 陪同	소개하기	介绍
71	모으다	收集	소개하기	介绍
72	모이다	聚集	약속	约会, 约定
73	몰다	驾驶, 责怪	기타	其他
74	못하다	不能, 没有能力	소개하기	介绍

No	어휘		대표 상황	
75	묻다	问	수업	上课
76	밀리다	积压, 被推	기타	其他
77	바꾸다	换	물건사기	买东西
78	받다	收下, 接到	기타	其他
79	배우다	学习	수업	上课
80	버리다	扔掉, 丢弃	기타	其他
81	벌다	挣, 赢得	기타	其他
82	벗다	脱	물건사기	买东西
83	변하다	变, 变化	물건사기	买东西
84	보내다	送, 派遣	기타	其他
85	보다	看	물건사기	买东西
86	보이다	给人看, 显示出	물건사기	买东西
87	부르다	叫, 唱, 饱	소개하기	介绍
88	불다	吹, 刮	날씨	天气
89	붓다	红肿	기타	其他
90	비다	空的	기타	其他
91	빌리다	借给	수업	上课
92	빠지다	脱落, 陷入, 遗漏	기타	其他
93	빨다	洗(衣), 吮	기타	其他
94	뽑다	拔	기타	其他
95	사다	买	물건사기	买东西
96	살다	生活, 居住	소개하기	介绍
97	생각하다	想, 认为	수업	上课
98	생기다	产生	기타	其他
99	세우다	树立, 停(车)	기타	其他
100	쉬다	休息	수업	上课
101	시작하다	开始	수업	上课
102	시키다	使, 使唤	물건사기	买东西
103	싣다	装载	기타	其他
104	싸우다	打假	위험	危险
105	쌓이다	堆积	날씨	天气
106	쏟다	射, 倾注	기타	其他
107	쓰다	写, 用	수업	上课
108	씻다	洗	기타	其他
109	안경	眼镜	묘사하기	描写
110	안다	抱着	기타	其他
111	앉다	坐	소개하기	介绍
112	않다	不…	기타	其他
113	알다	知道, 懂得	수업	上课

No	어휘		대표 상황	
114	알리다	告诉	기타	其他
115	어울리다	和谐, 般配	물건사기	买东西
116	열다	开	기타	其他
117	열리다	被打开	기타	其他
118	오다	来	소개하기	介绍
119	오르다	上来	기타	其他
120	올라가다	上去	기타	其他
121	옮기다	搬, 移动	기타	其他
122	울다	哭	기타	其他
123	웃다	笑	기타	其他
124	위하다	为了	기타	其他
125	이르다	到达	길찾기	问路
126	일어나다	发生	수업	上课
127	일어서다	站立	수업	上课
128	읽다	读	수업	上课
129	잃다	丢失	위험	危险
130	잊다	忘记	약속	约会, 约定
131	자다	睡觉	기타	其他
132	자르다	剪, 切	기타	其他
133	잡히다	被抓住	기타	其他
134	전하다	转告	약속	约会, 约定
135	정리하다	整理	기타	其他
136	주다	给	물건사기	买东西
137	주의하다	注意	위험	危险
138	즐기다	享受	기타	其他
139	지나가다	过去	길찾기	问路
140	지내다	度过	기타	其他
141	지키다	遵守	기타	其他
142	짓다	建造, 做	수업	上课
143	찍다	砍, 剪; 涂抹; 拍照	기타	其他
144	차다	凉, 佩戴, 充满	기타	其他
145	참다	忍受	기타	其他
146	찾다	寻找	수업	上课
147	치다	划, 考试, 进行	기타	其他
148	켜다	开	수업	上课
149	타다	乘坐	길찾기	问路
150	팔다	卖	물건사기	买东西
151	펴다	打开	수업	上课
152	피다	(花)开	묘사하기	描写
153	하다	做	기타	其他
154	헤어지다	分手, 分开	기타	其他

형용사 출제경향분석과 출제형식
(形容词类题目的出题倾向及类型分析)

　　10회 한국어능력시험에서 형용사 관련 어휘 문제는 전체 어휘 문제 12문제 중에서 3문제가 출제되었다. 형용사 관련 어휘 역시 기초 어휘를 중심으로 각 어휘의 기본적인 의미를 익히고 문맥이나 상황 속에서 어떤 의미로 사용될 수 있는지를 익히는 것이 중요하다. 그리고 관련된 유의어와 반의어를 익히는 것이 필요하다.

译文

　　在第十届韩国语能力考试中, 与形容词相关的题目在12道词汇题中占了三道。学习形容词词汇的关键还是要以基础词汇为核心, 熟悉掌握各词汇的基本意思和其在文章和具体情景中所表达的含义。除此之外, 熟练掌握相关的近义词和反义词也是很有必要的。

형용사와 관련해서 출제된 문제의 유형을 크게 세 가지로 나눌 수 있다.
形容词类题目大体上可分为3种类型。

▸첫 번째 유형: 알맞은 말을 괄호 안에 넣기
　第一种: 括号内填入恰当的单词

▸두 번째 유형: 비슷한 말 고르기
　第二种: 选择同义词

▸세 번째 유형: 반대되는 말 고르기
　第三种: 选择反义词

3.2 유형별 문제 및 설명 (题目分类及解析)

1) 알맞은 말을 괄호 안에 넣기 (括号内填入恰当的单词)

※ 다음 (   ) 안에 알맞은 말을 고르십시오.

[예1]

> 오늘은 날씨가 (   ).

① 재미있어요
② 바빠요
③ 나빠요
④ 즐거워요

☑ **단어**(单词)

☐☐	재미있다	有意思
☐☐	바쁘다	忙
☐☐	나쁘다	坏
☐☐	즐겁다	高兴, 快乐

설명 [예1] 먼저 보기에 주어진 어휘의 의미를 정확히 알고 있어야 하며, 앞에 주어진 말과 어울려 사용할 수 있는 말을 찾을 수 있어야 한다. 보통 '날씨'의 상태를 나타낼 때 '날씨가 좋다, 날씨가 나쁘다, 날씨가 흐리다, 날씨가 개다' 등으로 사용될 수 있다. 하지만 '재미있다, 바쁘다, 즐겁다'는 '일이나 상황, 사람의 느낌'등과 함께 사용될 수 있다. 따라서 '날씨'의 상태를 나타낼 수 있는 ③번 '나빠요'가 정답이 된다.

解释 [例1]中, 首先要能正确理解各选项中词汇的意思, 还要能找出能够与前面的单词相搭配的单词。 一般说来, 描述天气的状况可以说"天气好, 天气坏, 天气阴, 天气晴"。但'재미있다, 바쁘다, 즐겁다'描写的是"事物, 情况或人们的感觉"。所以能形容天气状况的③나빠요为正确答案。

[예2]

> 가: 이번 주 토요일에 극장에 갈까요?
> 나: 주말에는 사람들이 많아서 극장이 아주 (　　　).
> 금요일에 가요.

① 가벼워요
② 비슷해요
③ 복잡해요
④ 따뜻해요

☑ **단어**(单词)

□□	극장	剧场, 戏院
□□	가볍다	轻快的, 轻的
□□	비슷하다	相似的
□□	복잡하다	拥挤的
□□	따뜻하다	温暖的

설명 [예2] 먼저 보기에 주어진 '가볍다, 비슷하다, 복잡하다, 따뜻하다'의 의미를 정확히 알고 있어야 하며, 다음으로 앞뒤 대화문의 상황을 이해할 수 있어야 한다. 주어진 어휘의 기본형을 먼저 살펴보면 '가볍다, 비슷하다, 복잡하다, 따뜻하다'이다.

다음으로 대화의 상황을 보면 '가'에서 토요일에 극장에 가자고 제안하고 있지만 '나'는 주말에는 극장에 사람이 많기 때문에 토요일 보다 금요일이 더 좋다고 답변하고 있다. (　)안에는 극장에 사람이 많은 상태를 나타낼 수 있는 어휘가 올 수 있다. 따라서 '복잡하다'가 정답이 된다.

解释 对于[例2], 首先要能理解四个选项'가볍다, 비슷하다, 복잡하다, 따뜻하다'的意思, 其次要能想象出文段的情景。再来看一下四选项的基本形, 分别是'가볍다, 비슷하다, 복잡하다, 따뜻하다'。

然后再来看一下对话的情景, '가'建议周六一起去剧院, 但'나'回答说, 周末剧院人太多, 因此, 比起周六, 周五去更好。(　)所填的应该是形容剧院人多地单词, 所以, '복잡하다'为正确答案。

2) 비슷한 말 고르기 (选择近义词)

※밑줄 친 부분과 의미가 비슷한 것을 고르십시오.

[예1]

> 제 동생이 저 보다 나이가 두 살 <u>어려요</u>.

① 많아요
② 짧아요
③ 작아요
④ 적어요

✓ 단어(单词)

□□	나이	年龄
□□	어리다	年轻, 年幼
□□	짧다	短
□□	작다	小, 矮
□□	적다	少

설명 [예1] 밑줄 친 '어리다'는 여러 가지 의미가 있지만 위 문장에서는 '나이가 적다'는 의미로 사용되고 있으며, 이와 비슷한 의미로 사용될 수 있는 말을 보기에서 찾아야 한다.

'많다'는 '수나 양'에 관한 뜻으로 사용되며, '짧다'는 '시간, 거리'와 관계되는 단어이다. '작다'는 '부피, 넓이, 길이 등이 기준에 못 미치다'는 뜻으로 사용되며, '적다'는 '수량이 보통 정도에 못 미치다, 수량이 기준에 못 미치다'는 뜻으로 사용될 수 있다. 따라서 보기에서 밑줄 친 '어려요'와 비슷한 의미로 사용될 수 있는 어휘는 ④번 '적어요'가 된다.

解释 [例1]中的划线词'어리다'尽管有多种意思, 但其在上文中的意思"年纪小", 故应从选项中选出表达类似意义的单词。'많다'形容数或量的多。'짧다'形容时间或距离短。 '작다'形容體积或宽度、长度的短小, '적다'形容数量少。显然, 与划线'어려요'意义相似的是④。

[예2]

> 이 책을 사고 싶은데 돈이 <u>모자라요</u>.

① 부족해요
② 충분해요
③ 남아요
④ 한가해요

☑ **단어**(单词)

☐☐ 모자라다	不足
☐☐ 충분하다	充足的
☐☐ 남다	剩, 与
☐☐ 한가하다	悠闲的

설명 [예2] 이 문제는 밑줄 친 어휘와 보기에 주어진 어휘의 난이도가 높기 때문에 그 의미와 용법을 모두 알고 있어야 해결 할 수 있는 문제이다. 밑줄 친 '모자라다'의 의미를 살펴보면 '기준이 되는 양이나 정도에 미치지 못하다'라는 뜻으로 사용되었다.

따라서 보기에서 밑줄 친 '모자라요'와 비슷한 의미로 사용될 수 있는 어휘는 '필요한 기준이나 양에 미치지 못하다'는 뜻을 가진 ①번 '부족해요'가 정답이 된다.

[解释] 由于[例2]种划线词和各选项单词难度均较高，故只有全部理解各词的意义和用法，才能顺利解答此题。划线词모자라요. 意为"达不到所需要的量或水平不足"，与①'부족해요'的意思相似，故①为正确答案。

3) 반대되는 말 고르기 (选择反义词)

※밑줄 친 부분과 의미가 반대인 것을 고르십시오.

[예1]

> 가: 중국은 날씨가 어때요? <u>추워요</u>?
> 나: 아니요, (   )

① 더워요
② 시원해요
③ 흐려요
④ 비가 와요

☑ **단어**(单词)

□□	춥다	冷
□□	덥다	热
□□	시원하다	爽快, 凉爽
□□	비가 오다	下雨

[예1] 위 대화문은 '가'의 질문에 대한 '나'의 대답으로 서로 반대되는 의미의 어휘를 사용하고 있다. 밑줄 친 '춥다'와 반대되는 어휘는 ① 번 '더워요'가 정답이 된다.

解释　在[例1]的对话中, 对于'가'提出的问题, '나'的回答应当是相反的, ①'더워요' 意义与划线词相反, 故为正确答案。

[예2]

가: 한국어 공부가 <u>어려워요</u>?

나: 아니요, 생각보다 (   ).

① 짧아요
② 낮아요
③ 높아요
④ 쉬워요

☑ **단어**(单词)

□□	어렵다	困难的
□□	생각	想法, 思想
□□	쉽다	简单, 容易
□□	낮다	更好, 更强
□□	높다	高的
□□	짧다	短的

<table>
<tr><td>3.3</td><td>연습문제 (练习)</td></tr>
</table>

1) 알맞은 말을 괄호 안에 넣기 (括号内填入恰当的单词)

━ 단어 ━

※다음 (   ) 안에 알맞은 말을 고르십시오.

[1]

> 가: 해도 씨, 기숙사 생활이 어때요?
> 나: 조금 (   ) 재미있어요.

- □ 기숙사　　宿舍
- □ 불편하다　不舒服, 不方便
- □ 깨끗하다　干净, 整洁的

① 어렵지만　　　② 쉽지만

③ 불편하지만　　④ 깨끗하지만

[2]

> 가: 주말에 백화점에 갔는데 사람들이 많아서 아주
> 　　복잡했어요.
> 나: 평일에 가면 아주 (   ).

- □ 평일　　　平时
- □ 더럽다　　肮脏, 乱
- □ 조심하다　小心地
- □ 한산하다　悠闲, 安静

① 더러워요　　　② 한가해요

③ 조심해요　　　④ 한산해요

[3]

> 가: 팽지 씨는 한국말을 참 잘 하는 것 같아요.
> 나: 아니에요. 아직 전공 수업을 듣기에는 한국어
> 　　실력이 (   ).

- □ 전공　　　专业
- □ 충분하다　充足的
- □ 부탁하다　拜托
- □ 걱정하다　担心, 忧虑

① 충분해요　　　② 부족해요

③ 부탁해요　　　④ 걱정해요

2) 비슷한 말 고르기 (选择近义词)

※밑줄 친 부분과 의미가 비슷한 것을 고르십시오.

[1]
> 선생님이 너무 젊어서 몇 살인지 <u>궁금해요</u>.

① 알고 싶어요   ② 몰라요
③ 알 수 있어요   ④ 이해해요

[2]
> 가: 지난 주 크리스마스에 초급반 학생들은 뭐 했어요?
> 나: 한국어 선생님과 파티를 했는데 정말 <u>즐거웠어요</u>.

① 재미있었어요   ② 힘들었어요
③ 아름다웠어요   ④ 피곤했어요

[3]
> 가: 미하 씨, 같이 영화를 보고 싶은데 언제가 좋아요?
> 나: 평일에는 일이 많아서 안 되지만 주말에는 <u>한가</u>
> <u>하니까</u> 괜찮아요.

① 좋지 않다   ② 시간이 있다
③ 어렵다   ④ 피곤하다

3) 반대되는 말 고르기 (选择反义词)

※밑줄 친 부분과 의미가 반대인 것을 고르십시오.

[1]

> 가: 교실이 조금 <u>어두워서</u> 칠판이 잘 안보이지요?
> 나: 아니요, 큰 창문이 있어서 아주 (　　　　).

① 깨끗해요　　　　② 조용해요
③ 밝아요　　　　　④ 시원해요

[2]

> 가: 지난 주에 새로 이사한 집이 어때요? 방은 <u>깨끗해요</u>?
> 나: 아니요, 오래된 건물이라서 그런지 조금 (　　　　).

① 무거워요　　　　② 더러워요
③ 무서워요　　　　④ 어두워요

[3]

> 가: 향나 씨, 설날 연휴 동안 뭐 했어요? 친척들과 <u>재미있게</u> 보냈어요?
> 나: 네, 그런데 연휴가 너무 길어서 조금 (　　　　).

① 지루했어요　　　② 서둘렀어요
③ 한가했어요　　　④ 한산했어요

상황별 형용사 어휘 모음 (各情景下形容词汇总)

No	어휘		대표 상황	
1	가깝다	近	길찾기	问路
2	간단하다	简单	기타	其他
3	감사하다	感谢	소개하기	介绍
4	계시다	在(尊称)	방문	访问
5	고맙다	感谢	소개하기	介绍
6	괜찮다	没关系	병원	医院
7	급하다	急, 着急, 危急	위험	危险
8	기쁘다	高兴	기타	其他
9	길다	长的	묘사하기	描写
10	기쁘다	高兴	묘사하기	描写
11	길다	长	물건사기	购物
12	깊다	深	묘사하기	描写
13	까맣다	黑的	물건사기	购物
14	깨끗하다	干净, 整洁	묘사하기	描写
15	나쁘다	坏	묘사하기	描写
16	낫다	更好	묘사하기	描写
17	넓다	宽	묘사하기	描写
18	노랗다	黄色的	물건사기	购物
19	높다	高的	묘사하기	描写
20	늦다	迟, 晚	수업	上课
21	다르다	不同	묘사하기	描写
22	달다	甜	묘사하기	描写
23	대단하다	了不起, 伟大	묘사하기	描写
24	더럽다	脏, 坑葬	묘사하기	描写
25	따뜻하다	干净, 整洁	날씨	天气
26	마르다	干的	묘사하기	描写
27	맞다	正确, 相配	수업	上课
28	멀다	远	길찾기	问路
29	무겁다	重	묘사하기	描写
30	무섭다	害怕	위험	危险
31	미안하다	抱歉	기타	其他
32	바쁘다	忙	약속	约会, 约定
33	반갑다	高兴	소개하기	介绍

No	어휘		대표	상황
34	밝다	明亮	묘사하기	描写
35	복잡하다	复杂	묘사하기	描写
36	부끄럽다	害羞	묘사하기	描写
37	부족하다	不足	묘사하기	描写
38	비싸다	贵的	물건사기	购物
39	빠르다	快	묘사하기	描写
40	빨갛다	红色的	물건사기	购物
41	쉽다	简单的	수업	上课
42	슬프다	悲伤的	묘사하기	描写
43	시원하다	凉爽	날씨	天气
44	싫다	讨厌	소개하기	介绍
45	심하다	严重	병원	医院
46	싶다	希望, 想要	소개하기	介绍
47	싸다	便宜	물건사기	购物
48	아니다	不	기타	其他
49	아름답다	美丽的	묘사하기	描写
50	아프다	疼, 不舒服	병원	医院
51	안녕하다	你好	소개하기	介绍
52	약하다	弱的	병원	医院
53	어둡다	黑, 暗	날씨	天气
54	어떻다	怎样	물건사기	购物
55	어렵다	困难的	수업	上课
56	어리다	年幼的	묘사하기	描写
57	없다	没有	물건사기	购物
58	예쁘다	漂亮的	묘사하기	描写
59	외롭다	孤单的	기타	其他
60	위험하다	危险的	위험	危险
61	유명하다	有名的, 著名的	기타	其他
62	이렇다	这样	묘사하기	描写
63	이상하다	奇怪的	묘사하기	描写
64	있다	有, 在	기타	其他
65	작다	小	묘사하기	描写
66	적다	少	수업	上课
67	정확하다	正确的	수업	上课
68	조심하다	小心的	위험	危险
69	조용하다	安静的	묘사하기	描写
70	좁다	狭窄的	묘사하기	描写
71	좋다	好的	기타	其他

No	어휘		대표 상황	
72	즐겁다	高兴	기타	其他
73	싸다	便宜的	묘사하기	描写
74	짧다	短的	묘사하기	描写
75	착하다	善良的	소개하기	介绍
76	춥다	冷	날씨	天气
77	크다	大的	묘사하기	描写
78	틀리다	错误的	수업	上课
79	파랗다	蓝色的, 绿色的	물건사기	购物
80	편하다	方便的	방문	访问
81	푸르다	蓝色的, 绿色的	물건사기	购物
82	필요하다	需要, 必要的	기타	其他
83	하얗다	白色的	물건사기	购物

부사 출제경향분석과 출제형식
(副词类题目的出题倾向及类型分析)

　　10회 한국어능력시험에서 부사 관련 어휘 문제는 전체 12문제 중에서 4문제가 출제되었다. 명사 2문제, 동사 3문제, 형용사 3문제가 출제된 것과 비교해 보면 가장 많은 수의 문제가 출제되었다고 할 수 있다. 이는 부사의 기본적인 의미를 익히는 것이 쉽지 않고, 비슷한 말이나 반대되는 말을 찾는데도 어려움이 있기 때문이다. 특히 문맥이나 상황 가운데서 적절한 부사 어휘를 찾는 것은 쉬운 일이 아니며 그 느낌을 학습자가 변별하기는 더더욱 쉽지 않다. 따라서 가장 기초적인 부사 어휘의 의미를 정확히 파악하고 각각의 어휘가 어떤 상황에서 사용될 수 있는지를 익히는 것이 필요하다.

译文

　　在第十届韩国语能力考试中，与副词相关的词汇题在12道词汇题中占了4道。而名词、动词、形容词的题量分别是2道、3道、3道。相比之下，副词显然是出题量最多的题目。这是由于掌握副词的基本用法并非易事，而且寻找其对应的同义词和反义词也有较大难度。特别是在文章或实际情景之中，选择合适的副词并不简单，而在语感上辨别它们格式困难。因此，我们要努力掌握最基础词汇的意思，并且要熟悉其应在何种情景中运用。

4.1 부사 출제 유형 (副词类题目的类型)

부사와 관련해서 출제된 문제의 유형을 크게 세 가지로 나눌 수 있다.
副词类题目大体上可分为3种类型。

▶ 첫 번째 유형: 알맞은 말을 괄호 안에 넣기
第一种: 在括号里填入恰当的单词

▶ 두 번째 유형: 비슷한 말 고르기
第二类: 选择近义词

▶ 세 번째 유형: 반대되는 말 고르기
第三类: 选择反义词

예제

1) 알맞은 말을 괄호 안에 넣기 (括号内填入恰当的单词)

※ 다음 (　　) 안에 알맞은 말을 고르십시오.

[예1]

> 고향에 (　　　　) 가요?

① 언제
② 어디에
③ 얼마나
④ 무엇을

☑ 단어

☐☐ 고향　　　　故乡
☐☐ 얼마나　　　多少
☐☐ 무엇　　　　什么

설명　[예1]먼저 '언제, 어디, 얼마, 무엇'의 정확한 의미를 알고 있어야 하며, 그 중에서 문맥에 가장 적절한 말을 찾을 수 있어야 한다. 위 문장은 고향에 가는 때를 묻는 문제다. 따라서 ( ) 안에 가장 적절한 말은 시간 묻는 말인 ①번 '언제'가 정답이 된다.

解释　[例1]中, 首先要能正确理解'언제, 어디, 얼마, 무엇'的意思, 然后才能选择其中最适合文章情景的单词。上文是询问归乡的时间, 因此( )内最合适的单词应该是提问时间的①'언제', 故①为正确答案。

[예2]

> 가: 커피를 좋아하세요?
> 나: 네, 좋아해요. 하지만 (　　　) 안 마셔요.

① 좀
② 새로
③ 항상
④ 자주

☑ 단어

□□	커피	咖啡
□□	좋아하다	喜欢
□□	마시다	喝
□□	좀	一点, 稍微
□□	새로	新的
□□	항상	总是, 一直
□□	자주	经常

설명 [예2]먼저 '좀, 새로, 항상, 자주'의 정확한 의미와 용법을 알고 있어야 하며, 다음은 대화문의 상황을 이해하고 있어야 한다.

'가'에서 '커피를 좋아하세요.'라는 질문에 '나'는 커피를 좋아하지만 커피를 마시는 횟수가 많지 않다고 답하고 있다. 따라서 빈도를 나타내는 말 중에서 적절한 어휘를 찾아야 하는데, 빈도를 나타내는 말은 '항상'과 '자주'가 된다. '항상'은 '언제나 변함없이'라는 뜻이며, '자주'는 '같은 일을 여러 번'이라는 뜻으로 사용된다. 따라서 적절한 말은 ④번 '자주'가 정답이 된다.

解释 [例2]中, 首先要能正确理解'좀, 새로, 항상, 자주'的意义和用法, 其次还要能想出对话场景.

对于'가'提出的"喜欢喝咖啡吗"的问题, '나'回答说喜欢喝, 但又说喝的次数不多. 因此, 要从表示频率的词汇中选出恰当的词汇. 表示频率的有③'항상' 和 ④'자주', 前者表示"一直, 无论何时, 没有变化", 后者表示"经常, 即多次做同样的事情". 因此, ④'자주'为正确答案.

2) 비슷한 말 고르기 (选择近义词)

※밑줄 친 부분과 의미가 비슷한 것을 고르십시오.

[예1]

가족들이 <u>다</u> 제주도로 여행을 갔어요.

① 가끔
② 모두
③ 계속
④ 아주

☑ 단어

□□	다	全部
□□	여행	旅行
□□	가끔	偶尔
□□	모두	全部
□□	계속	继续
□□	아주	非常

설명 [예1] 먼저 밑줄 친 '다'의 의미를 살펴보면 '남거나 빠진 것이 없이 모두'라는 뜻을 가지고 있다. 따라서 이와 비슷한 의미를 가진 어휘를 보기에서 찾을 수 있어야 한다.

보기에 주어진 어휘의 뜻을 살펴보면, '가끔'은 '시간을 두고 드문드문'이라는 뜻으로 사용되며, '모두'는 '일정한 수나 양을 기준으로 빠진 것이 없는 전체'라는 뜻으로 사용된다. 그리고 '계속'은 '끊기지 않고 줄곧'이라는 뜻으로 사용된다.

따라서 밑줄 친 '다'와 비슷한 의미로 사용될 수 있는 어휘는 ②번 '모두'가 된다.

解释 对于[例1], 首先划线的다意为"没有剩余或遗漏, 全部", 然后, 再从选项中寻找与此意类似的词汇。

下面来看一下各选项所给词汇的意思, ①'가끔'表示"每隔一段时间, 偶爾", ②'모두'表示"全部, 没有遗漏的整个", 另外, ③'계속'表示"不断, 一直"。因此, 与划线词意思相同的是②'모두'。

[예2]

> 가: 진수 씨, 오늘 저녁에 약속이 없으면 식사를 같이
>   할까요?
> 나: 네, 좋아요. <u>이따가</u> 제가 전화 할게요.

① 아까
② 미리
③ 방금
④ 나중에

☑ 단어

□□ 이따가	过一会
□□ 아까	刚才
□□ 나중에	以后
□□ 방금	刚刚, 刚才
□□ 미리	事先

설명 [예2]이 문제의 형식은 대화문이지만 밑줄 친 어휘와 보기에 주어진 어휘의 정확한 뜻과 용법을 알고 있으면 쉽게 해결 할 수 있는 문제이다. 이 문제에 나온 부사는 모두 시간을 나타내는 부사로서 그 의미 차이를 구별할수 있어야 한다. 밑줄 친 '이따가'의 의미는 '조금 지난 뒤에'라는 뜻으로 사용되고 있다.

보기에 주어진 어휘의 의미를 살펴보면, '아까'는 '조금 전에'라는 뜻으로 사용되며, '미리'는 '어떤 일이 생기거나 벌어지기 전에 먼저'라는 뜻으로 사용된다. 그리고 '방금'은 '바로 지금'이라는 뜻으로 사용되며, '나중에'는 '얼마의 시간이 지난 뒤'라는 뜻으로 사용될 수 있다.

따라서 밑줄 친 '이따가'와 비슷한 의미로 사용될 수 있는 말은 ④번 '나중에'가 정답이 된다.

解释 [例2]的形式尽管是对话, 但若能知道划线词和选项中各词的意思, 则题目容易解决.

来看一下所给词汇的意思。①'아까'指"刚才", ②'미리'意为"事先", ③'방금'为"刚才, 当即, 现在", ④'나중에'指"以后"。

显然, ④与划线词意思相似, 为正确答案。

3) 반대되는 말 고르기 (选择反义词)

※밑줄 친 부분과 의미가 반대인 것을 고르십시오.

[예1]

가: 진수 씨는 부모님과 <u>같이</u> 살아요?
나: 아니요, 부모님께서는 부산에 계셔서 (　　) 살아요.

① 멀리
② 가까이
③ 혼자
④ 함께

✓ 단어

☐☐	같이	一起
☐☐	살다	生活, 居住
☐☐	멀리	远
☐☐	가까이	近
☐☐	혼자	独自
☐☐	함께	一起, 一同

설명　[예1]이런 유형의 문제는 대화문의 상황을 통해 주어진 어휘가 어떤 용법으로 사용되고 있는지 이해할 수 있어야 한다. 밑줄 친 '같이'와 반대되는 어휘는 '다른 사람과 어울리지 않고 홀로 있는 상태'의 뜻으로 사용되는 ③번 '혼자'가 정답이 된다.

解释　对于[例1]类的题目，关键是能否掌握对话中出现词汇的用法。划线的'같이'意为"一起, 一同", 所以与其相反的词汇意义应为"独自一人, 不与别人一起"。③'혼자'表示上述含义, 为正确答案。

[예2]

> 가: 날씨가 추우니까 <u>빨리</u> 걸읍시다.
> 나: 길이 미끄러우니까 좀 (   ) 갑시다.

① 천천히
② 편안히
③ 조심히
④ 조용히

☑ 단어

☐☐	미끄럽다	滑
☐☐	천천히	慢慢地
☐☐	편안히	平安地
☐☐	조심히	小心地
☐☐	조용히	安静地

[예2] 밑줄 친 '빨리'는 '걸리는 시간이 짧다'는 뜻으로 사용되고 있다. 보기에 주어진 어휘 중에서 '천천히'가 있는데, '동작이나 태도가 급하지 않고 느리다'는 뜻이다. 따라서 정답은 ①번 '천천히'가 된다.

解釋 [例2]中, 划线词"빨리"表示"快", 选项中的 ①'천천히'是指"慢慢地, 不慌张", 两者意义相反, 故①'천천히'为正确答案。

4.3 연습문제 (练习)

1) 알맞은 말을 괄호 안에 넣기 (括号内填入恰当的单词)

※다음 (   ) 안에 알맞은 말을 고르십시오.

[1]

> 가: 이위 씨는 한국어를 어떻게 공부해요.
> 나: 저는 수업하기 전에 (   ) 예습을 해요.

① 항상   ② 아직

③ 이제   ④ 벌써

[2]

> 가: 한국에 온 지 1년이 되었는데 아직 한국말을
>   잘 못해서 걱정이에요.
> 나: 걱정하지 마세요. (   ) 공부하면 잘 할
>   수 있을 거예요.

① 가끔   ② 전혀

③ 별로   ④ 꾸준히

[3]

> 가: 효우 씨, 수업이 끝났는데 집에 안 가요?
> 나: 약속이 있어요. (   ) 한국 친구를 만나기로
>   했어요.

① 보통   ② 이따가

③ 아까   ④ 마침내

단어

☐ 예습	预习
☐ 항상	总是, 一直
☐ 아직	尚, 还
☐ 이제	现在
☐ 벌써	已经

☐ 가끔	偶尔
☐ 전혀	全然, 一点也(不)
☐ 별로	不怎么
☐ 꾸준히	勤奋地

☐ 보통	普通
☐ 마침내	最终, 终于

2) 비슷한 말 고르기 (选择近义词)

※밑줄 친 부분과 의미가 비슷한 것을 고르십시오.

━ 단어 ━

[1]

> 진창 씨는 <u>항상</u> 웃는 얼굴인 것 같아요.

① 아주　　　　② 많이
③ 빨리　　　　④ 늘

□ 웃다　　　笑
□ 얼굴　　　脸
□ 늘　　　　经常

[2]

> 가: 내중 씨, 여기서 잠깐만 기다려 주세요. <u>금방</u>
> 　돌아올게요.
> 나: 네, 저는 괜찮으니까 천천히 오세요.

① 곧　　　　　② 늦게
③ 벌써　　　　④ 항상

□ 잠깐　　　片刻, 暂时
□ 기다리다　等待
□ 곧　　　　立即, 马上
□ 늦다　　　晚, 迟

[3]

> 가: 이번 방학에 여행을 가려고 하는데 어디가 좋아
> 　요?
> 나: 제 생각에는 제주도가 <u>가장</u> 좋은 것 같아요.

① 제일　　　　② 많이
③ 이미　　　　④ 꼭

□ 방학　　　放假
□ 여행　　　旅行
□ 가장　　　最
□ 제일　　　第一, 最
□ 꼭　　　　一定

3) 반대되는 말 고르기 (选择反义词)

※밑줄 친 부분과 의미가 반대인 것을 고르십시오.

[1]

> 가: 박우 씨, <u>아까</u> 여기 있던 사전 못 봤어요?
> 나: 못 봤어요. (　　　) 제가 찾아볼게요. 지금은
> 　　 제 사전을 보세요.

① 조금　　　　　② 잠시
③ 방금　　　　　④ 나중에

[2]

> 가: 한국에 와서 처음으로 친구들과 찜질방에 갔었
> 　　 는데 참 재미있었어요. 수미 씨는 찜질방에 <u>자</u>
> 　　 <u>주</u> 가요?
> 나: 아니요. 저는 찜질방을 별로 안 좋아해요. 주말
> 　　 에 가족들과 (　　　) 가요.

① 항상　　　　　② 언제나
③ 전혀　　　　　④ 가끔

[3]

> 가: 한국에 온 지 <u>벌써</u> 1년이 다 되어가요. 시간이
> 　　 정말 빨리 가는 것 같아요.
> 나: 이제 한국 생활은 익숙해졌는데 (　　　) 한국말을
> 　　 잘 못해서 걱정이에요.

① 진짜　　　　　② 별로
③ 여전히　　　　④ 아직

단어

□ 잠시　　　暂时, 片刻

□ 찜질방　　桑拿房
□ 언제나　　无论何时
□ 가끔　　　偶尔

□ 익숙하다　熟悉
□ 진짜　　　真, 真正
□ 여전히　　仍然, 依旧

4.4	상황별 부사 어휘 모음 (各情景下副词汇总)

No	어휘		대표 상황	
1	가장	最	기타	其他
2	갑자기	突然	기타	其他
3	같이	一起	기타	其他
4	곧	立刻, 马上	기타	其他
5	그래서	因而	기타	其他
6	그러나	但是	기타	其他
7	그러면	如果那样	기타	其他
8	그렇게	那样	기타	其他
9	그리고	此外	기타	其他
10	꼭	一定	기타	其他
11	너무	太, 过于	묘사하기	描写
12	높이	高度	묘사하기	描写
13	다	全部	기타	其他
14	다시	重新	수업	上课
15	더	再, 更加	기타	其他
16	도대체	到底	기타	其他
17	또	再, 又	기타	其他
18	마침	恰巧, 恰好	기타	其他
19	많이	多	방문	访问
20	매우	非常	묘사하기	描写
21	먼저	首先	기타	其他
22	몹시	非常	병원	医院
23	무척	非常	기타	其他
24	바로	立刻, 马上	기타	其他
25	벌써	已经	기타	其他
26	빨리	快	기타	其他
27	아무리	无论, 不管, 再	기타	其他
28	아주	非常	기타	其他
29	아직	尚(未), 还	기타	其他
30	안	不想, 不能	물건사기	买东西
31	어서	快点, 请	기타	其他
32	언제나	无论何时	약속	约会, 约定
33	얼마나	多么, 多少	물건사기	买东西
34	열심히	努力	수업	上课
35	오래	久远, 很长时间	기타	其他

No	어휘		대표 상황	
36	왜	为什么	기타	其他
37	왜냐하면	之所以会这样	기타	其他
38	이리	这边	길찾기	问路
39	이제	现在	기타	其他
40	일찍	早	기타	其他
41	자꾸	经常	기타	其他
42	자세히	仔细地	기타	其他
43	자주	经常	기타	其他
44	잘	好, 好好地	수업	上课
45	잘못	错误	기타	其他
46	잠깐	片刻, 暂时	방문	访问
47	제일	第一, 最	기타	其他
48	조금	稍微, 一点	기타	其他
49	지금	现在	소개하기	介绍
50	참	真, 真正, 时候	기타	其他
51	천천히	慢慢地	수업	上课
52	혼자	独自	기타	其他

중급어휘

1. **명사 출제경향분석과 출제형식**
   (名词类题目的出题倾向及类型分析)

2. **동사 출제경향분석과 출제형식**
   (动词类题目的出题倾向及类型分析)

3. **형용사 출제경향분석과 출제형식**
   (形容词类题目的出题倾向及类型分析)

4. **부사 출제경향분석과 출제형식**
   (副词类题目的出题倾向及类型分析)

5. **관용어 및 속담 출제경향분석과 출제형식**
   (惯用语及成语类题目的出题倾向及类型分析)

명사 출제경향분석과 출제형식
(名词类题目的出题倾向及类型分析)

　　중급에서 어휘 영역은 모두 12문항 내지 14문항인데 명사가 어휘 분야에서 얼마나 출제되었을까? 10회의 한국어능력시험 기출문제를 분석해 보면 어휘영역에서 명사는 9개 정도 출제되었는데 점점 줄어드는 추세를 보이고 있다. 2001년과 2002년에는 4개만 출제되었고 2003년에는 하나도 없었다. 출제되는 명사들은 모두 추상적인 명사들이고 거의 모두가 한자어였다. 이런 원인으로 중국인들이 명사를 이해하는데 별 어려움이 없었다. 반면에 한국어의 한자와 중국어 한자의 의미 차이가 있는 어휘들 때문에 답을 잘못 찾는 경우도 있다. 예를 들면, "의견(意见)", 애인(爱人) "사정(事情)" 등은 단어 형태는 같지만 두 언어에서 지시하는 내용은 다르므로 중국인 수험생들은 한국어 추상명사를 익히는데 어려운 점이다. 그러므로 수험생은 한국어 명사 공부에서 한국어 한자어와 중국어 한자어의 구별을 익혀야 하는 부담을 안아야 한다.

译文

　　中级的词汇试题共有12-14项。那么在名词词汇部分能出现多少题呢？分析10回韩国语能力测试试题结果显示：词汇领域名词试题约有9个左右，且有逐渐减少的趋势：2001年和2002年为4个，2003年没有。试题中的名词大部分是抽象名词和汉字词。这个特点是有利于中国人对名词的理解的。但也正因为这个原因，导致考生容易忽略韩国语汉字和中国语汉字之间意义上的区别，导致出现答题错误，如"의견(意见)"，"애인(爱人)"，"사정(事情)"等字同、意不同，这一点是中国学生理解韩国语抽象名词的难点。所以要下功夫掌握韩国语中的汉字和中国语汉字之间的区别。

 명사 출제 유형 (名词类题目的类型)

명사는 대개 세 가지 유형으로 출제되었다.
名词类题目出题可分为以下三种。

▶ 첫 번째 유형: 알맞은 말을 괄호 안에 넣기
　第一种: 选择适当的内容

▶ 두 번째 유형: 비슷한 말 고르기
　第二种: 选择近义词

▶ 세 번째 유형: 반대말 혹은 한자어에 대응되는 고유어 고르기
　第三种: 选择反义词或选择与汉字词对应的固有词

1.2 유형별 문제 및 설명 (题目分类及解析)

1) 알맞은 말을 괄호 안에 넣기 (括号内填入恰当的单词)

※ 다음 ( ) 안에 알맞은 말을 고르십시오.

[예1]

> 아직 겨울이지만 의류 회사에서는 올 봄에 유행할
> ( )을 준비하느라고 바쁘다.

① 상품   ② 가격
③ 명품   ④ 예약

☑ 단어(单词)

☐☐	의류	服装
☐☐	유행하다	流行
☐☐	상품	商品
☐☐	명품	名牌
☐☐	예약	预约
☐☐	가격	价格

설명 이 문장에서 ( )안에 들어갈 말은 '옷'이지만 이를 대신할 수 있는 어휘를 보기에서 찾아야 한다. '옷'이 의류 회사가 만들어서 사람들에게 파는 물건의 의미로 사용되고 있다. 따라서 이러한 의미로 사용될 수 있는 어휘는 '사고 파는 물품'의 의미가 있는 ①번 '상품'이 정답이 된다.

解释
文中的中心词汇是"옷(衣服)", 所以要寻找可代替该词的词汇。文章中的 "옷" 指的是服装公司制造并销售给人們的, 具有此种意义的词汇是具有'사고 파는 물품' 意义的①'상품'。

[예2]

> 지금까지의 (   )을/를 바탕으로 이 회사에서 더
> 열심히 일하겠습니다.

① 제품　　　　　　② 친구
③ 경험　　　　　　④ 경고

☑ **단어**(单词)

□□ 바탕	基础
□□ 제품	产品
□□ 경험	经验
□□ 경고	警告
□□ 친구	朋友

설명　[예2] 먼저 문장 전체의 의미를 파악할 수 있어야 한다. 위 문장은 지금까지의 '무엇'이 앞으로의 회사 생활을 하는데 더 열심히 할 수 있는 좋은 것이 될 수 있다는 의미를 가지고 있다. 즉, 과거의 '무엇'이 앞으로의 회사 생활에 도움이 될 수 있다는 뜻이다. 따라서 보기에서 이와 어울리는 의미를 가진 어휘는 '과거에 자신이 실제로 해 보거나 겪어 본 것을 나타낼 때 사용하는 말'인 ③번 '경험'이 정답이 된다.

解释　[例2]首先要把握文章所表示的整体意义。文章所表示的是迄今为止的"무엇"会对以后开展公司工作有好的作用, 即过去的"무엇"对未来的公司生活有所帮助。能表达此意的词汇应是表现以往自身实际经历或看到的事情的词, 所以③"경험" 是正确答案。

2) 비슷한 말 고르기 (选择近义词)

※밑줄 친 부분과 의미가 비슷한 것을 고르십시오.

[예1]

> 개인적인 일로 이번 일을 제 시간에 못 끝내는 경우는 없어야 합니다.

① 사정　　　　　　② 노력
③ 소식　　　　　　④ 기회

☑ **단어**(单词)

□□ 개인적	个人的, 私自的
□□ 사정	情况
□□ 노력	努力
□□ 소식	消息
□□ 기회	机会

설명 이 문제에 나타난 명사들은 모두 중국인 학습자들에게 익숙한 한자어이다. 따라서 수험자들은 쉽게 답을 찍으려 한다. 그러나 한국어 한자어와 중국어 한자어의 의미 차이로 잘못 이해하는 경우가 있으니 어휘 공부에서 각별히 주의해야 한다. 위문장에서 노력, 소식 기회 등 세 개 어휘는 중국어 한자어와 같은 의미지만 이 문장에서 말하는 '사정'의 뜻은 중국어에서 뜻하는 "사정"과는 다른 의미를 나타낸다. 즉 한국어에서의 "사정"은 중국어에서 "情况"으로 되기 때문에 중국어 글자 그대로 "事情"으로 이해해서는 안된다.

解释 这里出现的汉字对中国学生来讲都是再熟悉不过的字, 所以容易不被重视。但是由于韩国语汉字和中国语汉字存在区别, 所以容易导致错误的理解, 应格外注意掌握准确的词义。 如文中提到的 노력(努力), 소식(消息), 기회(机会)等意义与中国的汉字意义相同, 但是 "사정" 的意义不同与中国语的 "事情", 应理解为 "情况"。

[예2]

> 세상은 하늘도 뛰어다닐 <u>각오</u>로 시작해야 하며,
> 인생은 넘어지기의 연속일지라도 일어설 수 있다는
> 의지로 살아야 한다.

① 결심 ② 각성
③ 준비 ④ 결단

☑ **단어**(单词)

□□	세상	世界
□□	하늘	天
□□	뛰어다니다	奔跑
□□	각오	决心
□□	시작	开始
□□	인생	人生
□□	넘어지다	跌倒
□□	연속	连续
□□	일어서다	起来
□□	의지	意志

설명 이 문제의 본문에 있는 '각오'는 '앞으로 해야 할 일이나 겪을 일에 대한 마음의 준비'라는 뜻으로 사용할 수 있다. 보기에 주어진 단어 중에서 이러한 의미로 사용될 수 있는 말은 '결심'이 된다. '결심'은 '할 일에 대해서 어떻게 하기로 마음을 굳게 정한다.'는 뜻으로 사용된다. '각오'의 한국어 한자어는 '覺悟'이지만 중국어 한자어는 '決心'으로 한국어 '결심'과 같은 한자어가 된다. 따라서 학습자들은 이러한 점을 유의하여서 학습해야 한다.

解释 在文本中，'각오'是指对以后要做的事情或者要经历的事情的一种心理准备。在给予的单词中，'결심'也具有这层意思,是指为达到一定目标而努力的信心。'각오'的汉字词是"觉悟"但其中文含意却是"决心"。所以学习者要多注意多练习其中之差异。

3) 반대되는 말 고르기 (选择反义词)

※밑줄 친 부분과 의미가 반대인 것을 고르십시오.

[예1]

내가 활동하고 있는 동아리 친구들은 서로 <u>공통점</u>이 많다.

① 장점　　　　　　② 차이점
③ 유사점　　　　　　④ 단점

☑ **단어**(单词)

□□ 활동	活动
□□ 동아리	社团
□□ 공통점	共同点

설명　[예1] 반의어를 찾는 문제 역시 밑줄 친 어휘와 보기에 주어진 어휘의 정확한 뜻을 알고 있어야 해결 할 수 있는 문제이다. 지문에 나온 단어들을 보면 모두 한자어들이기 때문에 쉽게 정답을 찍을 수 있다. '장점'은 '좋거나 잘 하거나 긍정적인 면', '유사점'은 '서로 비슷한 점', '단점'은 '잘 못되고 모자라는 점'이라는 뜻으로 사용할 수 있다.

解释　寻找反义词也是需要掌握划线部分词汇和供选词汇的正确意义。上面文章中所提供的单词是汉字词，所以考生很容易找到答案②。
　　차이점: 不同点。장점: 優点, 유사점: 類似, 단점: 短處, 缺点

예제

[예2]

> 대기업들의 무분별한 사업 <u>확장</u>은 중소기업을 더 어렵게 만든다.

① 확산　　　　　② 분산
③ 증가　　　　　④ 축소

☑ **단어**(单词)

☐☐	대기업	大企业
☐☐	무분별	盲目
☐☐	사업	生意/事业
☐☐	확장	扩张
☐☐	중소기업	中小企业

설명 [예2]의 문제도 [예1]과 동일한 유형의 문제로 먼저 밑줄 친 '확장'의 의미를 살펴보면, '범위, 규모, 세력 등을 넓히다.'라는 뜻을 가지고 있다. 따라서 보기에서 이와 반대되는 의미로 사용될 수 있는 어휘를 살펴보면, '크기를 작게 하다'는 뜻을 가지고 있는 ④번 '축소'가 정답이 된다.

'확산'은 '흩어져 널리 퍼짐', '분산'은 '갈라져 흩어지거나 또는 그렇게 되게 함', '증가'는 '양이나 수치가 늘거나 늘림' 또는 '값이 오르거나 올림'이라는 뜻으로 사용할 수 있다.

解释 [例2]与[例1]类似。划线部分的词汇'확장'用于"范围, 规模, 势力"等等 与此意义相反的词汇是"축소(缩小)"。④是正确答案。

확산: 擴散, 증가: 增加, 분산: 分散

1.3 연습문제 (练习)

1) 알맞은 말을 괄호 안에 넣기(括号内填入恰当的单词)

━━ 단어 ━━

※다음 (   ) 안에 알맞은 말을 고르십시오.

[1]
> 오늘 아침 일기 예보에 따르면 오후부터 강한 바람과 함께 (   )가 쏟아진다고 한다.

① 폭우
② 안개
③ 보슬비
④ 이슬비

□ 폭우	暴雨
□ 쏟아지다	傾盆 (大雨下状)
□ 보슬비	细雨
□ 예보	预报
□ 이슬비	毛毛雨
□ 안개	雾

[2]
> 갈수록 늘어가는 노숙자들에 대한 문제는 국가와 사회 그리고 우리 모두가 함께 (   )을 져야 한다.

① 관심
② 책임
③ 소원
④ 내용

□ 늘어가다	增加
□ 노숙자	露宿者
□ 관심	关心
□ 책임	责任
□ 소원	意愿
□ 내용	内容

2) 비슷한 말 고르기 (选择近义词)

※밑줄 친 부분과 의미가 비슷한 것을 고르십시오.

[1]

> 올해 꼭 이루고 싶은 꿈은 대학원에 진학하는 것이다.

① 소원
② 생각
③ 망상
④ 희망

[2]

> 간병인 회원으로 등록하실 분은 저희 사회복지사/직업상담사가 근무조건에 대해 직접 상담해 드립니다.

① 간호
② 진료
③ 진찰
④ 환자

단어

☐ 올해	今年
☐ 꼭	一定
☐ 이루다	实现
☐ 꿈	理想
☐ 대학원	研究生
☐ 진학	考试
☐ 소원	夙愿
☐ 생각	想法
☐ 망상	妄想
☐ 희망	希望

☐ 간병	护理
☐ 회원	会员
☐ 등록하다	登记
☐ 사회복지	社会福祉
☐ 근무조건	工作条件
☐ 직접	直接
☐ 상담하다	洽谈

3) 반대되는 말 고르기 (选择反义词)

※밑줄 친 부분과 의미가 반대인 것을 고르십시오.

[1]
> 모든 인간은 국가와 민족에 상관없이 <u>평등</u>하게 태어났다.

① 동등　　② 공동

③ 차별　　④ 차이

[2]
> 불과 몇 년 후에 우리가 맞이하게 될 미래 사회는 <u>정신적</u>인 부요 함에 더욱더 관심을 가지게 될 것이다.

① 물질적　　② 사회적

③ 인간적　　④ 국가적

[3]
> 부모님의 사랑을 모두 차지했던 언니 때문에 어린 시절부터 지금까지 늘 <u>열등감</u>에 시달려 왔다.

① 적대감　　② 우월감

③ 자신감　　④ 사명감

■ 단어 ■

□ 상관없다	无关
□ 평등	平等
□ 동등	同等
□ 공동	共同
□ 차별	差別
□ 차이	差异

□ 정신적	精神的
□ 부요 하다	富裕
□ 물질적	物质的
□ 사회적	社会的
□ 국가적	国家的

□ 차지하다	占有
□ 열등감	劣等感
□ 시달리다	受苦, 折磨
□ 적대감	敌対感
□ 우월감	优越感
□ 자신감	自信感
□ 사명감	使命感

1.4 한국어능력시험에 출제된 동음이의어 명사 모음 (韩国语能力考试中出现的同音异义词)

		내　용 (韓: 한국어 / 中: 중국어)
检查 (검사)	韓	1) 검찰권을 행사하는 단독제 관청인 국가 사법 기관. 　 형사 소송의 원고로서, 형사 사건의 공소를 제기하여 법률의 적용을 청구하고, 형벌의 집행을 감독함. 2) [동사] 옳고 그름, 좋고 나쁨 따위의 사실을 살피어 검토하거나 조사하여 판정함. 또는 그런 일. 사검(査檢).
	中	1) (사상 등을) 점검하다 자기 비판을 하다. 2) [동사] (사상통제나 치안 등의 목적으로 언론, 출판보도, 연극, 영화, 우편물 등의 내용을 강권적으로 사전에 검사 검열하다.
觉悟 (각오)	韓	1) 번뇌에서 벗어나 불교의 도리를 깨달음. 2) (앞으로 닥칠 일에 대비하여) 마음의 준비.
	中	1) 깨닫다. 자각하다. 인식하다. 2) [명] 각오. 각성. 자각.
工作 (공작)	韓	1) 학교에서 조이 점토 나무 등 재료로 물건을 만드는 일. 2) 어떤 목적을 위하여 미리 일을 꾸밈 수단을 써서 마련함.
	中	"체력 혹은 뇌력 노동 또는 그런 일에 종사하다"는 뜻.
天气 (천기)	韓	1) 천문에서 나타나는 징조(徵兆). 건상(乾象). 천후(天候). 2) 대기의 기상 상태. 일기(日氣).
	中	날씨.
造做/ 操作 (조작)	韓	1) 무슨 일을 꾸미어 만들어 냄. 2) 기계나 장치 따위를 다루어 움직이게 함. 3) 사물을 자기에게 유리하도록 공작하여 조종함.
	中	조작하다 다루다 일정한 순서와 기술적인 요구에 따라 어떤 일이나 활동을 진행하는 것을 말함.
人气 (인기)	韓	1) 어떤 사람이나 사물에 대하여 쏠리는 사람들의 높은 관심이나 호감. 사회의 평판. 2) 인기(人器)[명사] 사람의 됨됨이.
	中	인간 다움.
看病 (간병)	韓	병자를 보살피다, 병구완하다.
	中	의사가 진찰하다, (의사에게)병을 보이다.

		내 용 (韓: 한국어 / 中: 중국어)
经理 (경리)	韓	회계나 급여에 관한 사무를 이르는 말.
	中	어떤 기업이나 회사 같은 데서 경영관리를 책임진 지배인.
单位 (단위)	韓	1) 길이·넓이·무게·양 등을 수치(數値)로 나타내기(재기) 위하여 계산의 기본으로 정해 놓은 기준. [m·g·l 따위.] 2) 어떤 조직을 구성하는 데 기본이 되는 한 동아리. 무슨 일을 하는 데 그 기준이 되는 한 동아리.
	中	1) 단위. 2) (단체. 기관 등의) 단위.
把握 (파악)	韓	1) 손으로 잡아 쥠. 2) 어떤 대상의 내용이나 본질을 확실하게 이해함.
	中	쥐다, 포착하다.
水平 (수평)	韓	1) 기울지 않고 평평한 상태. 2) 지구 중력의 방향과 지각을 이루는 일, 또는 그 방향.
	中	(학식, 기술 등) 수준.
深刻 (심각)	韓	상태나 정도가 매우 깊고 중대하다. 또는 절박함이 있다.
	中	1) 핵심을 찌르다, 본질을 파악하다. 문제나 사건의 본질에까지 이른 경우. 2) 깊다.
检讨 (검토)	韓	[명사] 어떤 사실이나 내용을 분석하여 따짐.
	中	1) (주로 학술상의 문제)를 검토. 2) 자기 반성.
信心 (신심)	韓	1) 어떤 것을 옳다고 굳게 믿는 마음. 2) 종교를 믿는 마음.
	中	1) 확신, 신념, 자신. 2) 믿는 마음.
运动员 (운동원)	韓	어떤 목적을 이루기 위하여 애를 쓰는 임무를 맡은 사람.
	中	(체육) 운동 선수.
情绪 (정서)	韓	사람의 마음에 일어나는 여러 가지 감정 또는 감정을 불러일으키는 기분이나 분위기.
	中	기분, 마음 가짐, 사기, 의욕.
关心 (관심)	韓	어떤 것에 마음이 끌려 주의를 기울임. 또는 그런 마음이나 주의. ≒관념(關念).
	中	보살핌.
分配 (분배)	韓	1) 배분(配分). 2) <경제>생산 과정에 참여한 개개인이 생산물을 사회적 법칙에 따라서 나누는 일.
	中	파견하다 *공작분배

		내 용 (韓: 한국어 / 中: 중국어)
配合 (배합)	韓	1) 이것저것을 일정한 비율로 한데 섞어 합침. 2) 부부의 인연을 맺음.
	中	1) 협동하다. 협력하다. 공동으로 하다. 호응하다. 2) 어울리다, 조화되다, 딱 맞다.
无心 (무심)	韓	1) 아무런 생각이나 감정 따위가 없다. 2) 남의 일에 걱정하거나 관심을 두지 않다.
	中	1) 생각이 없다. …을 하고 싶지 않다. 2) 다른 뜻이 없이 하다, 아무런 생각이 없이 하다 무심코.
神通 (신통)	韓	1) 신기할 정도로 묘하다. 2) 효험이 빠르고 훌륭하다. 3) 신묘하게 아는 것이 깊고 통달하다. 4) 별다른 데가 있거나 마음에 들 만큼 마땅하고 좋다. 5) 칭찬해 줄 만큼 대견하고 싹싹하다.
	中	신통한 재간, 특출한 재간, 묘한 솜씨.
无理 (무리)	韓	1) [하다형 자동사] 힘겨운 일을 억지로 우겨서 함. 2) [하다형 형용사] 사리에 맞지 않거나 정도에서 지나치게 벗어남.
	中	사리(事理)에 맞지 않다. 비합리적(非合理的)이다. 이치(理致)에 맞지 않다. 상식(常識)을 벗어나다. 억지스럽다.
锻炼 (단련)	韓	1) 쇠붙이를 불에 달군 후 두드려서 단단하게 함. 2) 몸과 마음을 굳세게 함. 3) 어떤 일을 반복하여 익숙하게 됨. 또는 그렇게 함. 4) 귀찮고 어려운 일에 시달림.
	中	몸과 마음을 단련하다.
爱人 (애인)	韓	연인/정부.
	中	부인 혹은 남편.
质量 (질량)	韓	물체가 갖는 물질의 양. 물체의 관성 및 무게의 본질이 되는 것.
	中	질, 품질.
合同 (합동)	韓	둘 이상이 모여서 하나가 되거나 모아서 하나로 함.
	中	계약을 맺다.
演出 (연출)	韓	감독. 각본에 따라 배우의 연기, 무대장치, 조명, 음악 등을 종합하여 무대위에 상연하는 것을 지도하는 일.
	中	공연하다의 뜻.

동사 출제경향분석과 출제형식
(动词类题目的出题倾向及类型分析)

　　어휘영역에서 가장 많이 출제되는 것이 동사라고 할 수 있다. 동사는 해마다 12개 이상 출제되었고 많이 출제될 때는 22개까지 출제 되었다. 동사는 어휘 체계에서 고유어와 한자어, 아주 가끔은 외래어도 출제되었고 동사의미관계에서 동의어와 반의어, 다의어가 출제되었다. 고유어와 한자어 수는 거의 반반이었고 다의어 문제는 2개 정도가 출제되었다. 대신 동의어와 반의어 문제는 거의 해마다 같은 비중으로 출제되었다. 그러므로 한국어 고유어와 한자어의 특성을 이해해야 할 뿐만 아니라 동사의 의미관계를 함께 배워두는 것이 시험에서 높은 점수를 받을 수 있는 비결이라 할 수 있다. 즉 한 단어를 배울 때 꼭 그 단어의 동의어와 반의어를 함께 배우고 또 고유어일 경우에는 그 단어의 여러 가지 의미를 함께 익혀야 한다.

　　예를 들면 "타다"의 '乘(車) 차를 타다', '領(工資) 월급을 타다', '害(羞) 부끄럼을 타다', '中(暑) 더위를 타다' 등이다. 또 "바꾸다"를 익힐 때 그에 대응하는 한자어 "교환하다"를 함께 배우고, "선택하다"를 배울 때 그에 대응하는 고유어 "고르다"를 같이 배우고 "늘리다"를 배울 때 그 반대말 "줄이다"를 함께 배우고 "파다"를 배울 때 비슷한 단어 "캐다"를 기억한다면 학습자들의 기계적(rote) 학습을 피하고 유의적(meaningful) 학습에 따른 기억이 되므로 어휘량을 확대시키는 데도 도움이 될 것이다. 그리고 동사에서도 명사에서와 같이 한국어 한자와 중국어 한자의 동음이의어는 난해한 점이다. 그러므로 이 문제는 어휘 공부 전반에서 다루어야 할 문제로 나서고 있다.

在词汇领域中出题频率最高的是动词，每年都有12道题以上，有时甚至多达22道。出题的范围包括固有词和汉字词，以及外来语。在动词意义关系领域，常出现同义词、反义词、多义词等的题型。固有词和汉字词的比例一般是各占一半，有关多义词的题在2个左右。同义词和反义词的题型每次都是同样的比例。所以要理解韩国语固有词的特性和汉字词的特性，还要掌握动词的意义关系，这样才能取得好的成绩。在学习时要掌握一个词的同义词和反义词，如果是固有词，则要掌握该词的多重意义。例如""타다"有"乘车"，"领工资"，"中暑"等意义；再比如学习"바꾸다"时，要同时学会汉字词"교환하다"；学习"선택하다"时，要掌握与之对应的固有词"고르다"；学习"늘리다"时，要掌握它的反义词 "줄이다"；学习"파다"时要掌握近义词 "캐다"。因为这样将有利于扩大词汇量。在动词领域也存在象名词领域中出现的韩国语汉字词和中国语汉字同音异义的情况，所以这类问题在整个词汇学习中必须给予高度的重视。

2.1 동사 출제 유형 (动词类题目的类型)

동사 출제 유형에는 아래와 같은 네 가지가 있었다.
动词类题目出题类型有以下四种。

▸ 첫째 유형: 알맞은 말을 괄호 안에 넣기
　第一种: 选择适当的内容

▸ 둘째 유형: 비슷한 말 고르기
　第二种: 选择近义词

▸ 셋째 유형: 반대되는 말 고르기
　第三种: 选择反义词

▸ 넷째 유형: 단어의 여러 가지 의미를 파악하는 문제
　第四种: 分析多义词

2.2 유형별 문제 및 설명 (题目分类及解析)

1) 알맞은 말을 괄호 안에 넣기 (括号内填入恰当的单词)

※ 다음 ( ) 안에 알맞은 말을 고르십시오.

[예1]

> 고속도로에서 갑자기 자동차가 (   ) 바람에 큰 사고가 날 뻔 했다.

① 멀어지는
② 뛰어가는
③ 발전하는
④ 고장 나는

☑ **단어**(单词)

☐☐	고속도로	高速公路
☐☐	사고	事故
☐☐	멀어지다	远离, 远去
☐☐	뛰어가다	跑去
☐☐	발전하다	发展
☐☐	고장 나다	出故障

설명 문장의 전체 의미를 살펴보면, 고속도로에서 자동차에 어떤 문제가 생겨 사고가 날 수 있었다는 내용이다. 선택항에서 자동차와 같은 기계에 어떤 문제가 생겼을 때 사용할 수 있는 어휘를 찾아야 하는데, '기구나 기계가 제대로 움직이지 못하게 되는 상태'를 나타내는 말인 ④번 '고장 나다'가 있다. 따라서 정답은 ④번이다.

解释 通读文章后可知其内容是：在高速公路上汽车出了问题，险些出事故。因此要考虑:汽车会发生什么样的问题。在供选的词汇中选择类似汽车等机械出现问题时使用的词汇, 而④'고장 나다'是"出故障"之意。故正确答案为④。

2) 비슷한 말 고르기 (选择近义词)

※밑줄 친 부분과 의미가 비슷한 것을 고르십시오.

[예1]

새로 산 노트북 컴퓨터가 갑자기 켜지지 않아서 서비스 센터에 가서 <u>수리했다</u>.

① 고쳤다
② 나타났다
③ 끊어졌다
④ 참고했다

☑ **단어**(单词)

☐☐	노트북	笔记本电脑
☐☐	서비스 센터	服务中心
☐☐	수리하다	修理
☐☐	끊어지다	断了
☐☐	참고하다	参考

위의 문제는 한자어에 대응되는 고유어를 찾는 문제이다. "수리하다"는 한국어의 한자어이고 이에 대응하는 고유어는 "고치다"이다. 이 두 단어의 뜻을 안다면 쉽게 답을 찾을 수 있다. 앞에서도 말했지만 한국어의 어휘체계는 고유어, 한자어, 외래어 3체계를 갖고 있으므로 어휘 공부에서 같은 개념을 고유어와 한자어로 어떻게 표현하는가를 함께 배워 두어야 한다.

解释 上述题是寻找与汉字词相对应的固有词。"수리하다"是汉字词，与之对应的固有词是 "고치다"。只要掌握了这两个单词的意义就容易选择正确答案。韩国语的词汇体系由固有词，汉字词，外来语等组成，所以在学习词汇时需要掌握同一个概念所具有的固有词和汉字词形态。

3) 반대되는 말 고르기 (选择反义词)

※밑줄 친 부분과 의미가 반대인 것을 고르십시오.

[예1]

> 몇 년 전부터 한국으로 유학을 오는 외국학생들의 수가 계속해서 <u>증가하고</u> 있다.

① 확대하고
② 사라지고
③ 확장하고
④ 감소하고

☑ **단어**(单词)

□□	증가하다	增加
□□	확대하다	扩大
□□	사라지다	消失
□□	확장하다	扩张
□□	감소하다	减少

설명 [예1]에서 "증가"는 '양이나 비율이 늘어나다'라는 뜻을 가지고 있다. 이와 반대되는 어휘는 '양이나 비율이 줄어들다.'는 뜻을 가지고 있는 어휘가 된다. 따라서 정답은 ④번 '감소하다'가 된다.

解释 划线部分的词汇 '증가하다' 主要用于 "量, 比率"等。与此意义相反的词汇应该是 "减少"。因此正确答案应该是④'감소하다'。

4) 공통으로 들어갈 단어 찾기<다의어>
　　(选择适当的单词<多义词>)

　　다의어란 두 가지 이상의 뜻을 가진 단어를 말하며, 하나의 단어는 기본적인 의미를 바탕으로 다양한 문맥적 의미를 지니고 있는데, 최소의 어휘를 가지고 적절하게 사용함으로써 어휘 사용의 경제성을 발휘하기 위한 방법이라고 할 수 있다. 다의어는 중심 의미 이외에 여러 가지 주변 의미를 가지고 있기 때문에 문맥을 통해서 그 단어가 중심 의미로 쓰였는가, 주변 의미로 쓰였는지를 파악할 수 있어야 한다. 따라서 단어의 다양한 용례 확인을 통해서 각 단어의 의미와 차이를 익히는 것이 중요하다. 문맥에 따라 다른 의미로 쓰인 다의어는 유의어를 대치해 봄으로써 그 의미 차이를 알 수 있는 방법도 있다. 다의어문제는 대개 두 가지 형식으로 출제된다. 첫 번째는 괄호 안에 공통으로 들어갈 수 있는 단어를 찾는 것이며 두 번째는 지문에서 다른 세 개와 다른 것을 찾는 문제이다.

　　多义词是指具有两个以上意义的词。一个单词，除具有基本意义外，还有引申义，从而能够在具体的句子中表现多种语义。用有限的词汇表达多种意思，这是经济地使用词汇的方法之一。

　　多义词除了中心意义之外，还具有多重引申意义，所以只能通过上下文掌握其意义是中心意义还是引申意义。应该通过多做练习来掌握和熟悉单词意义的差异，也可以用近义词替代的方法发现其差异。多义词题型大致以以下两种形式：一，选词填空；二，找出与其他三个词不同的词。

예제

1) 알맞은 말을 괄호 안에 넣기 (括号内填入恰当的单词)

※ 다음 빈자리에 공통으로 들어갈 수 있는 것을 고르십시오.

[예1]

> ① 열심히 공부했지만 이번에 또 시험에 (   )
> ② 자동차에 기름이 (   ) 주유소에 가야 한다.
> ③ 가을이 되면 나뭇잎이 (   )
> ④ 아버지의 양복의 단추가 (   ).

① 나오다
② 실패하다
③ 떨어지다
④ 달다

☑ **단어**(单词)

☐☐	기름	油
☐☐	주유소	加油站
☐☐	나뭇잎	树叶

[예1]의 문제는 주어진 세 개의 문장에 형태는 같지만 사용되는 용법에 따라 다른 의미를 가지고 있는 어휘를 찾는 문제이다. 이러한 유형의 문제는 먼저 주어진 각각의 문장에 대한 의미를 이해할 수 있어야 한다. 먼저 ①번 문장의 빈 곳에 들어갈 어휘의 의미를 추측해 보면, 열심히 공부를 했지만 그 결과가 '좋지 않다'는 의미의 어휘가 들어가야 한다. 그리고 ②번 문장의 빈 곳에는 자동차에 기름이 '없다'는 의미로 사용될 수 있는 어휘가 필요하다. ③번 문장에는 '위에서 아래로' 내려오는 모습을 나타내는 어휘가 적절하다. 따라서 이와 같은 의미로 사용될 수 있는 어휘는 '떨어지다'가 된다.

[解释] [例1]是要求在四个句子中找出形态相同但意义相异的词汇。做这类题首先要理解每个句子的整体意义。①应选择表示虽然用功学习了但效果不尽人意的词汇；②应选择表示汽油没了的词汇。③选择表示从上往下落之意的词汇。因此能以上述意义使用的词汇应该是词汇'떨어지다'。

[예2]

> ① 한국 사람은 계산대 앞에서 돈을 서로 (　　　) 싸우는
>   경우가 많다.
> ② 어제는 어머니께서 동생에게 시험 성적 때문에 화를
>   많이 (　　　).
> ③ 그 사람은 자기 입으로 어떤 소리든지 (　　　)
> ④ 감기에 걸렸으면 약을 먹고 누워서 땀을 (　　　).

① 내다　　② 나다　　③ 지르다　　④ 흘리다

☑ **단어**(单词)

□□ 계산대	收款台
□□ 싸우다	打架
□□ 소리	声音

<table><tr><td>2.3</td><td>연습문제 (练习)</td></tr></table>

1) 알맞은 말을 괄호 안에 넣기 (括号内填入恰当的单词)

※다음 (   ) 안에 알맞은 말을 고르십시오.

[1]

> 그는 두 번 다시 같은 실수를 반복하지 않겠다고 (   ).

① 연락했다   ② 노력했다

③ 결심했다   ④ 확인했다

[2]

> 부모님께서 갑자기 교통사고를 당하시는 바람에 진수는 1년 동안 학교를 휴학하고 아르바이트를 해서 학비를 (   ).

① 표현했다   ② 개발했다

③ 예방했다   ④ 마련했다

[3]

> 작년과 비교 했을 때 대도시의 인구가 평균적으로 2% (   ).

① 사라졌다   ② 증가했다

③ 낭비했다   ④ 허락했다

단어

☐ 실수	失误
☐ 반복	反夏
☐ 연락하다	联络
☐ 결심하다	决心
☐ 확인하다	确认

☐ 휴학	休学
☐ 아르바이트	打工
☐ 학비	学费
☐ 표현하다	表现
☐ 개발하다	开发
☐ 예방하다	预防
☐ 마련하다	准备

☐ 인구	人口
☐ 평균	平均
☐ 사라지다	消失
☐ 증가하다	增加
☐ 낭비하다	浪费
☐ 허락하다	允许

2) 비슷한 말 고르기 (选择近义词)

※ 밑줄 친 부분과 의미가 비슷한 것을 고르십시오.

단어

[1]

> 인생을 살다 보면 가끔씩 아무리 <u>애를 써도</u> 안 되는 일들이 있다.

① 화를 내도　　　　② 원해도
③ 노력해도　　　　④ 급해도

□ 인생	人生
□ 애를 쓰다	努力, 尽力, 费力
□ 화를 내다	生气
□ 원하다	祈愿
□ 노력하다	努力
□ 급하다	急

[2]

> 오랜만에 만난 친구가 너무 많이 <u>변해서</u> 처음에 는 알아보지 못했다.

① 복잡해서　　　　② 바뀌어서
③ 다양해서　　　　④ 익숙해서

□ 변하다	变
□ 복잡하다	复杂
□ 바뀌다	更换
□ 다양하다	多样
□ 익숙하다	熟悉

[3]

> 경제가 발전하고 사회가 복잡해지면서 사람들 은 환경에 대해서 무관심하기 시작했고, 이러한 무관심은 인간에게 <u>발생하는</u> 온갖 종류의 질병으 로 되돌아오고 있다.

① 증가하는　　　　② 퍼지는
③ 생기는　　　　④ 감소하는

□ 경제	经济
□ 발전	发展
□ 복잡하다	复杂
□ 환경	环境
□ 무관심	不关心
□ 발생하다	发生
□ 온갖	所有
□ 질병	疾病
□ 증가하다	增加
□ 퍼지다	扩散
□ 생기다	产生
□ 감소하다	减少

3) 반대되는 말 고르기 (选择反义词)

※밑줄 친 부분과 의미가 반대인 것을 고르십시오.

[1]

> 내 친구는 오직 대학 합격이라는 한 가지 목표만을 위해서 친구도 만나지 않고 잠 잘 시간도 <u>아끼면서</u> 공부했지만 시험에 또 떨어졌다.

① 조심하면서   ② 절약하면서
③ 낭비하면서   ④ 소비하면서

[2]

> 거절당할 것을 각오하고 좋아하는 사람에게 자신의 마음을 솔직하게 <u>고백하는</u> 것은 용기 있는 행동이다.

① 숨기다   ② 자랑하다
③ 기억하다   ④ 나누다

[3]

> 어렸을 때부터 늘 <u>야단</u>을 맞고 자란 아이는 어른이 되어서도 부정적인 생각을 많이 하게 되지만 (　　　) 자란 아이는 긍정적인 생각을 하게 된다.

① 꾸중을 듣고   ② 기억을 하고
③ 칭찬을 듣고   ④ 무시를 받고

4) 공통으로 들어갈 단어 고르기(选择可共用的单词)

※다음 빈자리에 공통으로 들어갈 수 있는 것을 고르십시오.

[1]
> ① 내가 긴 머리의 여자를 좋아한다고 했더니 여자
>   친구가 올 여름부터 머리를 (   ) 시작했다.
> ② 요즘은 가족이 많지 않아서 집에서 애완동물을
>   (   ) 사람들이 늘고 있다.
> ③ 사람이 자원이라고 생각하고 인재를 (   ).
> ④ 좋은 습관은 어려서부터 (   ).

① 키우다　② 기르다　③ 들이다　④ 양육하다

단어

- □ 애완동물　宠物
- □ 자원　资源
- □ 인재　人才
- □ 늘다　增加

[2]
> ① 올해는 신혼 여행 때 갔었던 제주도에서 새해를
>   (   ).
> ② 친구들 싸움을 말리다가 오히려 내가 (   ).
> ③ 지하철에서 우산을 놓고 내리는 바람에 비를 너무
>   많이 (   ) 감기에 걸렸다.
> ④ 두 사람이 너무 비슷하게 생겨서 이상했었는데
>   과연 부자사이가 (   ).

① 맞다　② 당하다　③ 맞이하다　④ 옳다

- □ 신혼 여행　新婚旅行
- □ 새해　新年
- □ 싸움　打架
- □ 말리다　劝架

[3]
> ① 새해가 되면 늘 습관처럼 담배를 (   ) 결심한다.
> ② 부모님의 반대로 헤어진 그 사람과 연락은 (   )
>   3년이 되어간다.
> ③ 아무리 힘들어도 스스로 목숨을 (   ) 안 된다.
> ④ 추석이 가까워오자 고향가는 기차표를 미리 (   )
>   두는 사람들이 많았다.

① 끊다　② 단절하다　③ 죽이다　④ 사다

- □ 습관　习惯
- □ 담배　烟
- □ 결심하다　下决心
- □ 연락　联络
- □ 목숨　生命

5) 다른 뜻으로 쓰인 단어 고르기(选择意思与其他不同的单词)

※밑줄 친 말이 나머지 셋과 다른 뜻으로 쓰인 문장을 고르십시오.

[1]

① 그녀는 아프리카에 대학교를 <u>세우기</u>로 결심했다.
② 새해에는 누구나 거창한 계획을 <u>세우기</u> 마련이다.
③ 선배들이 <u>세운</u> 전통에 따라 우리도 그렇게 하기로 했다.
④ 가정을 바로 <u>세워야</u> 나라가 바로 선다.

(   )

단어

□ 아프리카	非洲
□ 거창하다	冠冕堂皇
□ 계획	计划
□ 선배	前辈
□ 전통	传统
□ 따르다	跟随
□ 가정	家庭

[2]

① 가끔 노래방에서 그 동안 쌓인 스트레스를 <u>푼다</u>.
② 이 문제를 <u>풀기에는</u> 시간이 모자란다.
③ 추리소설은 마치 수수께끼를 <u>푸는 것</u> 같다.
④ 김 선생님께 여쭤보면 모든 게 쉽게 <u>풀릴 거예요.</u>

(   )

□ 쌓이다	往上摞
□ 스트레스	压力
□ 풀다	**解**
□ 모자라다	不够
□ 추리소설	推理小说
□ 수수께끼	谜语
□ 여쭈다	告诉, 进言

2.4 한국어능력시험에 출제된 다의어 모음 (韩国语能力考试中出现的多义词)

다의어	내용	다의어	내용
풀다	1) 허리띠를 풀다(解开腰带) 2) 피로를 풀다(解除疲劳) 3) 개를 풀다(放狗) 4) 문제를 풀다(解题)	두다	1) 물건을 두다(放东西) 2) 마음에 두다(记在心里) 3) 부서를 두다(设部署) 4) 바둑을 두다(下围棋)
세우다	1) 차를 세우다(停车) 2) 계획을 세우다(订计划) 3) 건축물을 세우다(盖建筑物) 4) 기둥을 세우다(立柱子)	붙이다	1) 대학에 붙이다(让考大学) 2) 말을 붙이다(搭话) 3) 우표를 붙이다(贴邮票) 4) 조건을 붙이다(加条件)
짓다	1) 집을 짓다(盖房子) 2) 이름을 짓다(起名) 3) 밥을 짓다(做饭) 4) 글을 짓다(做文章)	맞다	1) 비를 맞다(淋雨) 2) 바람을 맞다(着凉) 3) 매를 맞다(挨打) 4) 옷이 맞다(衣服正合适)
들다	1) 조직에 들다(加入组织) 2) 물건을 들다(拿东西) 3) 칼이 들다(刀子快) 4) 음식을 들다(吃东西)	만들다	1) 옷을 만들다(做衣服) 2) 고속도로를 만들다(修高速公路) 3) 새로운 규칙을 만들다(制定新规则) 4) 요리를 만들다(作料理)
배다	1) 냄새가 배다(渗透) 2) 아이를 배다(怀孕) 3) 사이가 배다(间隔密) 4) 습관이 몸에 배다(成习惯)	쏟다	1) 물을 쏟다(倒水) 2) 정성을 쏟다(倾注心血) 3) 코피를 쏟다(流鼻血) 4) 비를 쏟다(倾盆大雨)
타다	1) 차를 타다(乘车) 2) 월급을 타다(领工资) 3) 더위를 타다(中暑) 4) 부끄러움을 타다(害羞)	깨지다	1) 그릇이 깨지다(碗被打碎了) 2) 혼담이 깨지다(婚姻没成功) 3) 기록이 깨지다(突破记录) 4) 분위기가 깨지다(打乱氛围)

다의어	내용	다의어	내용
떨어지다	1) 단추가 떨어지다(扣子掉了) 2) 용돈이 떨어지다(缺零花钱) 3) 시험에 떨어지다(考试落榜) 4) 물건이 떨어지다(脱销)	가리다	1) 음식을 가리다(挑食) 2) 눈을 가리다(遮住眼睛) 3) 낯을 가리다(认生) 4) 물건을 가리다(堆东西)
걸다	1) 모자를 걸다(挂帽子) 2) 문을 걸다(锁门) 3) 국기를 걸다(悬挂国旗) 4) 담보로 집을 걸다(作担保)	잡다	1) 손을 잡다(握手) 2) 기회를 잡다(抓住机会) 3) 자리를 잡다(定位置) 4) 돼지를 잡다(杀猪)
뜨다	1) 밥을 뜨다(盛一碗饭) 2) 눈을 뜨다(睁开眼睛) 3) 상해를 뜨다(离开上海) 4) 해가 뜨다(升太阳)	나다	1) 땀이 나다(出汗) 2) 이름이 나다(出名) 3) 북경에서 나다(在北京出生) 4) 사고가 나다(出事故)
쓰다	1) 모자를 쓰다(戴帽子) 2) 글을 쓰다(写字) 3) 돈을 쓰다(用钱) 4) 우산을 쓰다(打雨伞)	번지다	1) 먹물이 번지다(墨水发湮) 2) 소문이 번지다(消息传开) 3) 불이 번지다(火势蔓延) 4) 전화가 번지다(烽火连天)
치다	1) 공을 치다(打球) 2) 새기를 치다(孵) 3) 돼지를 치다(养猪) 4) 파도가 치다(波涛澎湃)	찌다	1) 밥을 찌다(蒸饭) 2) 살이 찌다(發胖) 3) 날씨가 찌다(天气炎热)
내다	1) 돈을 내다(付錢) 2) 기운을 내다(加油) 3) 사직서를 내다(提交辞职书) 4) 시간을 내다(抽空)	끊다	1) 줄을 끊다(断开绳子) 2) 차표를 끊다(买车票) 3) 관계를 끊다(断绝关系) 4) 담배를 끊다(戒烟)

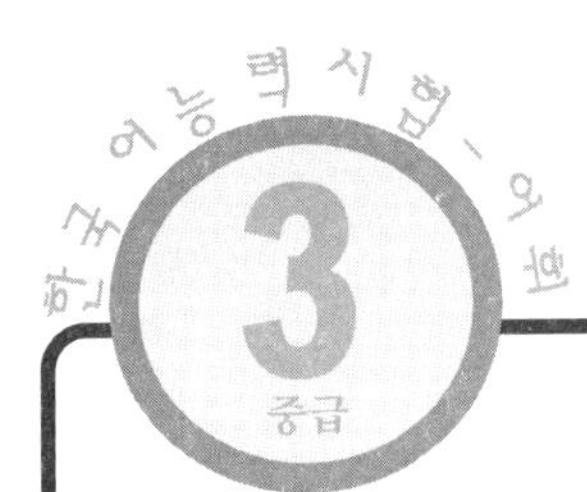

형용사 출제경향분석과 출제형식
(形容词类题目的出题倾向及类型分析)

형용사는 주어나 목적어 앞에서 주어나 목적어를 멋스럽게 꾸며 주는 역할을 한다. 한국어 형용사는 자주 쓰는 동사보다 문장을 수식하는 역할을 하게 되므로 중급에서 많이 출제하는 어휘이다. 그러나 한자어와 고유어가 반반이므로 기억하기 별로 어렵지 않은 어휘들이다. 한국어 능력시험에서 형용사는 해마다 9개 정도 출제되어 오다가 2002년에 16개 출제하던 데로부터 그 분량이 꾸준히 늘어나고 있다. 전체적으로 볼 때 문항수에 비하여 빈도가 높은 편이므로 여러 유형의 형용사를 알아두어야 한다.

译文

形容词出题倾向分析和出题形式。

形容词主要位于主语或宾语之前, 起修饰作用。与动词相比, 形容词起着修饰文章的作用, 所以在中级试题中出现得比较多。韩国语形容词中汉字词和固有词各占一半, 所以不难掌握。在韩国语能力测试中, 形容词试题一直是9个左右, 2002年达到16个, 并有增加趋势。从整体来看, 形容词试题出现的频率较高, 所以应掌握各种类型的形容词。

 형용사 출제 유형 (形容词类题目的类型)

형용사는 아래와 같은 출제 형식이다.
形同词出题形式有以下三种。

▶ 첫째, 괄호 안에 알맞은 말 넣기
  第一，选择适当的词语

▶ 둘째, 비슷한 말 고르
  第二，选择近义词

▶ 셋째, 반대되는 말 고르기
  第三，选择反义词

<table>
<tr><td>3.2</td><td>유형별 문제 및 설명 (題目分类及解析)</td></tr>
</table>

1) 알맞은 말을 괄호 안에 넣기 (括号内填入恰当的单词)

※ 다음 (   ) 안에 알맞은 말을 고르십시오.

[예1]

> 세월이 아무리 많이 흘렀어도 그 때 일은 지금도 내 기억 속에 (   ).

① 어지럽다
② 흐릿하다
③ 생생하다
④ 가능하다

☑ **단어**(单词)

☐☐	세월	岁月
☐☐	어지럽다	晕眩
☐☐	흐릿하다	模糊
☐☐	생생하다	生动, 栩栩如生
☐☐	가능하다	可能

설명 [예1]의 문제는 문장 안에 그 의미가 가장 적절한 단어를 찾는 문제이다. 먼저 문장의 전체적인 흐름을 살펴보면, 세월이 많이 흘렀지만 이전의 일이 아직도 기억에 남아 있다는 의미가 된다. 따라서 이러한 문장의 전체적인 의미에 적절한 단어를 보기에서 찾아보면 ③번 '생생하다'가 된다. '생생하다'는 '바로 눈앞에 보는 것처럼 분명하고 또렷하다'는 뜻으로 사용될 수 있다.

解释 [例1]的题型是选择正确答案。首先从全句来看，其意思是虽然岁月一去不复返但是对从前的记忆还是历历在目。所以，从全义来看应是选项③'생생하다'。'생생하다'是说就像在眼前发生的一样，活灵活现的。

[예2]

> 지하철에서 오랜 만에 만난 친구가 이름을 크게 불러서 (   ).

① 다정했다
② 창피했다
③ 서운했다
④ 상쾌했다

☑ **단어**(单词)

□□	다정하다	多情，热情，情深
□□	창피하다	丢脸，丢人，不好意思
□□	서운하다	舍不得，依依不舍，遗憾
□□	상쾌하다	爽快，甘爽，快意

설명 이러한 문제는 문장의 전체적인 흐름 속에서 그 상황을 이해할 수 있어야 한다. 지하철에서 오랜만에 만난 친구가 이름을 크게 불렀을 때, 이 사람의 마음에 어떠했을 지를 추측할 수 있어야 한다. 오랜만에 만난 친구 때문에 기분이 좋을 수도 있고, 사람이 많은 지하철에서 큰 소리로 이름을 불렀기 때문에 기분이 좋지 않을 수도 있다. 이러한 상황을 생각하면서 보기에 주어진 어휘 중에서 가장 적절한 어휘를 살펴보면, '부끄러운 일이나 잘못을 하여 다른 사람을 보기가 어렵다.'는 뜻을 가진 ②번 '창피하다'가 정답이 된다는 것을 알 수 있다.

解释 像此类问题必须要从全句的语境来理解，地铁中大声高喊久违朋友的时候，应该顾虑一下其朋友的处境。因为是许久未见，见面自然高兴，但由于在公共场所还有其他乘客，高声呼喊的话，朋友也许会觉得害羞。在斟酌正确答案是哪个的同时，要考虑下当时的情况。所以应该选择②'창피하다'是指让别人觉得很难为情。

2) 비슷한 말 고르기 (选择近义词)

※밑줄 친 부분과 의미가 비슷한 것을 고르십시오.

[예1]

> 만나서 말씀드리기 <u>곤란한</u> 이야기라서 이메일로 보냈습니다.

① 아까운
② 재미있는
③ 힘든
④ 쉬운

☑ **단어**(单词)

□□ 곤란하다	困难
□□ 아깝다	可惜
□□ 힘들다	吃力

[해설] [예1]의 문제는 주어진 문장에서 밑줄 친 어휘와 비슷한 의미로 사용될 수 있는 형용사 유의어를 찾는 문제이다. 우선 밑줄 친 단어 '곤란하다'는 '몹시 딱하고 어렵다' 또는 '어떤 일을 하기가 까다롭거나 힘들다'라는 뜻을 가지고 있다. 위 문장에서는 '어떤 일을 하기가 까다롭거나 힘들다'라는 뜻으로 사용되었다.

따라서 보기에서 이와 비슷한 의미로 사용될 수 있는 어휘를 찾을 수 있어야 하는데, ④번 '힘들다'가 이와 비슷한 의미를 가지고 있다. '힘들다', '일이나 행동이 어렵거나 노력을 많이 들여야 한다, 일을 많이 하여 힘이 없는 상태가 되다, 가난하거나 살림이 어려워 살아가기 어려운 상태'의 여러 가지 의미로 사용될 수 있다. 따라서 정답은 ④번 '힘들다'가 된다.

解释 [例1]是给文中划线的词汇寻找可替代使用的近义词。这类题如同前述, 最重要的是掌握划线部分词汇和所提供选词汇的意义和用法。首先, 划线词汇 '곤란하다' 的意思是非常"难"或者"做某件事情很困难", 在文中所表示的意义则是"要跟某人说话非常困难"之意。因此正确答案就是 ④ '힘들다(难, 困难)'。

[예2]

> 비가 와서 차가 많이 막히니까 시간을 <u>넉넉하게</u> 잡고 출발 하는 게 좋을 것 같아요.

① 한가하게
② 비슷하게
③ 여유 있게
④ 급하게

단어(单词)

□□	차가 막히다	堵车
□□	넉넉하다	富余
□□	한가하다	闲着
□□	여유 있다	有余地
□□	비슷하다	相似
□□	급하다	急

설명 [예2] 먼저 밑줄 친 '넉넉하다'의 의미를 살펴보면, '크기 또는 양이 기준에 차고도 남음이 있다.'라는 뜻을 가지고 있다. 따라서 이와 비슷한 의미로 사용될 수 있는 어휘를 살펴보면, 보기에 한자어"有余地"가 있으므로 우리는 쉽게 그 뜻을 알 수 있다. 정답은 ③이다.

解释 [例2]划线单词 '넉넉하다(足够)' 具有 '大小或者 量比基准有余地' 的意义。我们从选项中可以找出汉字词"여유있다(有余地)", 因此我们就很容易找出正确答案③。

3) 반대되는 말 고르기 (选择反义词)

※밑줄 친 부분과 의미가 반대인 것을 고르십시오.

[예1]

> 남편을 따라 한국 온 지 1년이 되었지만 아직도 모든 것이 <u>낯설다</u>.

① 익숙하다
② 불편하다
③ 복잡하다
④ 간편하다

☑ 단어(单词)

☐☐ 낯설다	脸生
☐☐ 익숙하다	熟悉

설명 [예1]의 문제는 주어진 문장에서 밑줄 친 형용사 어휘와 반대되는 의미로 사용될 수 있는 반의어를 찾는 문제이다. 먼저 밑줄 친 '낯설다'의 의미를 살펴보면, '어떤 대상에 대하여 모르거나 익숙하지 않아 서먹서먹하다.'라는 뜻을 가지고 있다. 이와 반대되는 의미를 가진 어휘는 '어떤 대상에 대하여 잘 알고 익숙해서 서먹서먹하지 않다.'는 뜻을 가진 어휘가 반의어가 될 수 있다. 보기에서 이러한 의미를 가진 어휘를 살펴보면, '어떤 일을 많이 하여 몸에 밴 솜씨를 가지고 있다.'라는 뜻을 가진 ①번 '익숙하다'가 정답이 된다.

解释 [例1]是为句中划线部分词汇寻找反义形容词的题。划线部分的 "낯설다"是 "不熟悉" 之意, 它的反义词应该是具有 '어떤 대상에 대하여 잘 알고 익숙해서 서먹서먹하지 않다' 意义的词汇, 在供选的词汇中有"익숙하다", 这个词的意思是"熟练、熟悉", 所以应该选择答案①。
불편하다: 不方便, 복잡하다: 複雜, 간편하다: 簡便

예제

[예2]

> 연예인들의 생활은 겉으로 보기에는 <u>화려해</u> 보이지만 실제로는 그렇지 않은 경우가 많다.

① 흔해
② 편해
③ 수수해
④ 딱딱해

☑ **단어**(单词)

☐☐	연예인	演艺人
☐☐	겉	外表, 表面
☐☐	화려하다	华丽
☐☐	실제	实际

섭명 [예2]의 문제도 [예1]과 동일한 유형의 문제로 먼저 밑줄 친 '화려하다'의 의미를 살펴보면, '눈에 띄게 색이 다양하고 아름답다.'라는 뜻을 가지고 있다. 이와 반대되는 의미를 가진 어휘는 '색이 다양하지 않고 눈에 띄지 않는다.'는 의미를 가진 어휘가 된다. 따라서 이와 같은 의미를 가진 어휘를 보기에서 살펴보면 '옷차림이 화려하지 않고 검소하다.'는 뜻을 가지고 있는 ③번 '수수하다'가 정답이 된다.

（解释） [例2]题型与[例1]相似, 找底部分的词汇 '화려하다' 具有'눈에 띄게 색이 다양하고 아름답다'的意思, 它的反义词应是具有'색이 다양하지 않고 눈에 띄지않는다'意义的词汇。 在供选的词汇中, (30表示 '옷차림이 화려하지 않고 검소하다', 因此是正确答案。
흔하다 : 多的是, 有的是
편하다 : 安稳, 舒适, 舒服
딱딱하다 : 生硬, 死板

3.3 연습문제 (练习)

1) 알맞은 말을 괄호 안에 넣기(括号内填入恰当的单词)

※다음 (   ) 안에 알맞은 말을 고르십시오.

[1]

> 잘못된 정보에 속아서 진실을 알지 못하는 사람들을 볼 때마다 (   ).

① 번거롭다　　② 냉정하다
③ 부드럽다　　④ 안타깝다

[2]

> 그 사람은 다른 사람들이 하는 거짓말도 모두 믿을 만큼 (   ).

① 수수하다　　② 화려하다
③ 순진하다　　④ 신중하다

단어

□ 정보　　情报, 信息
□ 진실　　真实
□ 번거롭다　繁杂
□ 냉정하다　冷静
□ 부드럽다　柔和, 温柔
□ 안타깝다　心焦, 着急

□ 거짓말　　谎言
□ 수수하다　一般, 普通
□ 화려하다　华丽
□ 순진하다　纯真
□ 신중하다　慎重

2) 비슷한 말 고르기(选择近义词)

※밑줄 친 부분과 의미가 비슷한 것을 고르십시오.

[1]

> 헤어진 지 너무 오래되어서 그런지 이제는 그 사람의 얼굴도 <u>뚜렷하게</u> 기억나지 않는다.

① 분명하게　　　② 흐릿하게
③ 뚫어지게　　　④ 몰라보게

[2]

> 사람은 많이 배우면 배울수록 <u>겸손한</u> 자세로 자신을 낮추면서 살아야 주위에 있는 사람들에게 좋은 영향을 미칠 수 있다.

① 성실한　　　② 겸허한
③ 똑똑한　　　④ 소중한

[3]

> 다양한 종류의 책을 많이 읽고 꾸준하게 글쓰기 연습을 하면, 대학 생활에 필요한 보고서를 작성하는데 훨씬 <u>수월하다</u>.

① 평범하다　　　② 지속적이다
③ 손쉽다　　　④ 과감하다

단어

□ 헤어지다	分手
□ 오래되다	多日, 时间久
□ 뚜렷하다	明显
□ 기억나다	记起来
□ 분명하다	分明
□ 흐릿하다	模糊
□ 뚫어지다	紧盯着, 打通
□ 몰라보다	没认出来

□ 겸손하다	谦逊
□ 낮추다	降低
□ 영향을 미치다	影响到
□ 성실하다	诚实
□ 겸허하다	谦虚
□ 똑똑하다	聪明
□ 소중하다	珍惜, 贵重

□ 다양하다	多样
□ 꾸준하다	始终坚持
□ 보고서	报告书
□ 작성하다	做表格, 写资料
□ 훨씬	更
□ 수월하다	容易
□ 평범하다	平凡
□ 지속적이다	持续
□ 손쉽다	容易
□ 과감하다	果断, 勇敢

연습문제(练习)

3) 반대되는 말 고르기 (选择反义词)

※밑줄 친 부분과 의미가 반대인 것을 고르십시오.

[1]

> 한 순간의 즐거움을 위해서 자신을 절제하지 못하는 사람은 정말 <u>어리석다</u>.

① 신중하다　　② 개운하다
③ 게으르다　　④ 현명하다

[2]

> 그 사람을 처음 만났을 때는 옷차림이나 머리 모양이 <u>촌스러워서</u> 싫었지만 지금은 오히려 모든 게 멋있어 보인다.

① 날씬해서　　② 세련 돼서
③ 중요해서　　④ 다정해서

[3]

> 요즘은 남녀가 만나고 헤어지는 일이 옛날보다 더 쉬워진 것 같다. 그래서 누군가를 만나는 일도 중요하지만 헤어질 때 좋은 감정으로 헤어지는 것은 더 중요하다. 그렇지 않으면 언젠가 다시 만나게 되었을 때 서로 <u>어색해</u> 질 수 있다.

① 너그러워　　② 부드러워
③ 자연스러워　　④ 까다로워

단어

□ 순간	瞬间
□ 절제하다	节制
□ 어리석다	愚蠢, 愚분
□ 신중하다	慎重
□ 개운하다	爽口。舒服, 爽快
□ 게으르다	懒惰
□ 현명하다	贤明

□ 옷차림	穿着, 打扮
□ 촌스럽다	土气, 粗俗
□ 날씬하다	苗条
□ 세련되다	老练, 精炼
□ 다정하다	多情

□ 헤어지다	分开, 分手
□ 감정	感情
□ 어색하다	不自然, 别扭
□ 너그럽다	宽容, 宽大
□ 부드럽다	柔软, 柔和
□ 자연스럽다	自然
□ 까다롭다	麻烦, 挑剔

3.4	한국어능력시험에 출제된 형용사 모음 (韩国语能力考试中出现的形容词)		

복잡하다	复杂	위대하다	伟大
한산하다	悠闲	다양하다	多样
어수선하다	闹得慌	한적하다	幽静
엄청나다	相当	시끄럽다	吵闹
영리하다	伶俐	평범하다	平凡
똑똑하다	聪明	뛰어나다	出色
많다	多	비슷하다	相似
까다롭다	古怪	같다	一样
간단하다	简单	유사하다	相似
무겁다	重	확실하다	明确
난처하다	为难	혼란하다	混乱
곤란하다	困难	황당하다	荒唐
쾌적하다	舒爽	쾌활하다	快活
통쾌하다	痛快	상쾌하다	爽快
유별나다	有别	우월하다	优越
흐릿하다	阴	우울하다	忧郁
뚜렷하다	分明	분명하다	分明
너그럽다	宽容	냉정하다	冷静
번거롭다	麻烦	안타깝다	焦心
간접적이다	间接的	적당하다	适当
구체적이다	具体的	개성적이다	有个性的
위험하다	危险	안전하다	安全
적당하다	适当	신기하다	神奇
익숙하다	熟悉	무사하다	无事
부족하다	不足	한가하다	闲暇
바쁘다	忙	심심하다	无聊
자상하다	仔细, 慈祥	사소하다	琐碎, 细小
한심하다	寒心	성실하다	诚实
진하다	浓	사교적이다	交际广
소극적이다	消极的	편안하다	平安
적극적이다	积极的	흐리다	阴
얇다	薄	깊다	深
가능하다	可能	틀림없다	没错
느긋하다	休闲, 舒徐	무뚝뚝하다	干巴巴
부지런하다	勤快	완전하다	完全

부사 출제경향분석과 출제형식
（副词类题目的出题倾向及类型分析）

한국어 부사는 거의가 고유어이기 때문에 중국인 학습자들이 제일 어렵게 생각하는 어휘들이다. 1999년부터 2003년까지의 한국어 능력시험문제를 통계 분석해 보면 명사는 줄어드는 반면에 부사는 해마다 9개 정도 출제되다가 2002년부터 그 량을 조금씩 늘이고 있다. 한국어 부사는 수량을 나타내는 부사, 정도를 나타내는 부사, 범위를 나타내는 부사, 긍정 부정을 나타내는 부사, 의성의태어 부사 등 다양하게 분류되고 또 한 종류 안에서도 비슷한 의미의 부사가 존재하므로 학습자들이 이해하기도, 기억하기도 아주 어려운 단어들이다.

예를 들면 "자꾸"와 "자주"는 중국어에서는 "经常"하나의 단어로 번역되고 "대강"과 "대충"도 하나의 "大概, 大致"로 번역된다. 그러나 한국어에서 두 어휘의 사용은 그 범위는 물론 쓰는 사람의 느낌에 따라 또 화용(语用)에 따라 달리 쓰인다. 그리고 비슷한 의미의 부사들도 많기 때문에 그 부사들을 기억하기도 만만치가 않다. 예를 들면 " 겨우"와 "간신히" 그리고 "마침내"와 "끝내"는 모두 같은 의미로 그 사용에서 대치시킬 수도 있다.

그리고 학습자들이 가장 어려워하는 부사 중에 하나가 의성의태어이다. 한국어는 의성의태어는 중국어 한자의 영향을 가장 적게 받은 부류인데다가 중국어에는 의태어가 발달되어 있지 않은 까닭에 더 어렵게 느껴 질것이다. 거기에 또 모음조화(元音和谐)까지 있어 한국어 의성의태어는 아주 발달되어 있어 중국인 학습자들에게 익히기 어려운 영역이다. 그리고 중국어에서 접속사(连词)로 대응되는 접속부사와 양태부사 역시 어려운 영역이다. 이상의 분석에서 보면 부사는 다른 품사의 어휘들보다 훨씬 더 어려운 영역이라 할 수 있다. 그러므로 부사를 공부할 때는 어떤 류의 부사인지 또 그 부사들에 어떤 비슷한 것들이 있는지를 알아야하며 문장에서 앞 뒤 문맥을 보아 그 의미를 파악할 수 있어야 한다.

　　韩国语副词大多是固有词, 所以是中国学习者最难掌握的词汇。纵观1999年到2003年的韩国语能力测试题可以看出: 名词试题的比例在逐渐减小, 副词在2002年之前是每年9个左右, 而从2002年开始数量逐渐增加。韩国语副词所表示的范围包括: 数量、程度、范围、肯定、否定、拟声拟态等, 每个类型里又有意义相近的副词, 所以对学习者来说, 理解和掌握起来有一定的难度。

　　例如 "자꾸"和"자주"在汉语可翻译成一个词"经常", "대강"和 "대충"也翻译成"大概, 大致"。但是在韩国语中, 这些词汇的使用范围各不相同, 且在语用论层面上也有所不同。加上副词的近义词很多, 所以要掌握确实不是容易的事情。例如 "겨우"和 "간신히" 还有 "마침내"和"끝내"等, 都可以看作同义词, 并在句子中相互替代。

　　对于学习者来说, 最难的是副词中的拟声拟态词。韩国语中的拟声拟态词所受的中国汉字影响最少, 加之中国语中的拟态词较少, 所以更增加了其掌握的难。此外, 韩国语的拟声拟态词还存在元音和谐规律, 所以十分发达。还有, 与中国语的连词相对应的接续副词和样态副词也是比较难以掌握的部分。综上所述: 副词相比于其他词类更难于掌握, 所以学习副词的时候要注意副词的分类、它们有哪些的近义词, 以及通过上下文掌握副词在句中的作用等。

1) 알맞은 말을 괄호 안에 넣기
   括号内填入恰当的单词

   ▶ 첫째, 괄호 안에 알맞은 말 넣기
     第一种: 括号内填入恰当的单词

   ▶ 둘째, 비슷한 말 고르기
     第二种: 选择同义词

   ▶ 셋째, 의성의태어 고르기
     第三种: 选择拟声/拟态词

4.2 유형별 문제 및 설명 (题目分类及解析)

1) 알맞은 말을 괄호 안에 넣기 (括号内填入恰当的单词)

※ 다음 (   ) 안에 알맞은 말을 고르십시오.

[예1]

> 결혼을 해서 자식을 낳은 후에야 (   ) 부모님의 마음을 이해한다.

① 함부로　　　　　　② 더구나
③ 비로소　　　　　　④ 골고루

☑ **단어**(单词)

□□ 자식　　　　子女
□□ 낳다　　　　生

설명　먼저 문장 전체의 의미를 살펴보면, 결혼 전에는 부모의 마음을 이해하지 못하지만, 결혼을 해서 아기를 낳아보면 부모의 마음을 이해할 수 있다는 뜻이다. 따라서 지금까지는 몰랐지만 이제 알게 되었다는 의미를 가진 어휘를 찾을 수 있어야 한다. 따라서 '그때서야 처음으로'의 뜻을 가지고 있는 ③번 '비로소'가 정답이 된다.

解释　通读全文后可知: 文章所要表达的是结婚前不能理解父母的心情, 但结婚生子以后方能理解作父母的心情。所以要寻找能够表达过去不知、现在才知晓的意义的词汇, 因此 表示'才'之意的 ③是正确答案。
　　함부로: 隨意, 任意,　더구나: 尤其是,　골고루: 均匀

[예2]

> 올 겨울에는 어려운 이웃들을 위해서 (   )
> 선물을 준비하기로 했다.

① 그대로　　　　② 정성껏
③ 나란히　　　　④ 한가한

☑ **단어**(单词)

□□ 이웃　　　　邻居

2) 비슷한 말 고르기 (选择近义词)

※밑줄 친 부분과 의미가 비슷한 것을 고르십시오.

[예1]

> 올 여름에는 무슨 일이 있어도 가족과 부모님을
> 모시고 해외여행을 꼭 할 생각이다.

① 똑바로   ② 절대로
③ 반드시   ④ 언제나

☑ **단어**(单词)

□□ 꼭	一定
□□ 똑바로	正确地, 准确地
□□ 절대로	绝对
□□ 반드시	必须
□□ 언제나	经常

설명 [예1]의 문제는 주어진 문장에서 밑줄 친 부사 어휘와 비슷한 의미로 사용될 수 있는 어휘를 찾는 문제이다. 밑줄 친 어휘와 보기에 주어진 어휘들의 정확한 뜻과 사용을 알지 못하면 헷갈리는 경우가 많다. 밑줄 친 '꼭'은 '빈틈없이 맞는 모양' 그리고 '어떤 상황에서도 반드시'라는 뜻으로 사용될 수 있다. 위 문제에서는 '올 여름의 상황과 경우가 어떠하더라도 가족과 부모님을 모시고 가겠다'는 말하는 이의 결심과 의지를 나타내고 있다. 따라서 '어떤 상황에서도 꼭'이라는 의미를 가지고 있는 ③번 '반드시'가 정답이 된다.

解释 [例1]是寻找句中划线部分副词的近义词。这类题与名词, 动词, 形容词近义词类型一样, 必须掌握划线部分词汇的意义, 否则容易混淆出错。划线部分的 '꼭' 一般表示 '빈틈없이 맞는 모양(正合适)' 或 '어떤 상황에서도 반드시(必须, 一定)' 等的意思。文章中的 '올 여름의 상황과 경우가 어떠하더라도 가족과 부모님을 모시고 가겠다' 表示的是说话者的决心和意志, 因此③是正确答案。

[예2]

> 우리 회사는 <u>무엇보다도</u> 소비자들에 대한 친절과 봉사를 최우선으로 강조하고 있으며, 이는 고객중심주의 경영을 하는데 밑바탕이 되고 있다.

① 가장   ② 아직

③ 미리   ④ 먼저

☑ 단어(单词)

☐☐	무엇보다	比什么都
☐☐	소비자	消费者
☐☐	친절	亲切
☐☐	봉사	服务
☐☐	최우선	首选
☐☐	강조하다	强调
☐☐	고객중심	顾客中心
☐☐	경영	经营
☐☐	밑바탕	底子

설명 먼저 밑줄 친 '무엇보다도'의 뜻을 살펴보면, '다른 것과 비교했을 때 먼저'라는 뜻으로 사용되고 있다. 따라서 이와 비슷한 뜻으로 사용될 수 있는 어휘를 보기에서 찾아보면, '여러 대상 중에서 정도나 크기가 맨 처음이거나 맨 끝'이라는 뜻을 가지고 있는 ①번 '가장'이 정답이 된다.

解释 划线部分 '무엇보다도'的意思是 '다른 것과 비교했을 때 먼저'。因此在供选词汇中具有 '여러 대상 중에서 정도나 크기가 맨 처음이거나 맨 끝' 之意的①'가장' 是正确答案。

아직: 還未, 미리: 提前, 가장: 最

3) 의성어/의태어 (拟声词/拟态词)

의성어란 소리를 흉내 내는 말이고 의태어란 모양과 상태를 묘사하는 말이다. 한국어
는 이러한 의성어와 의태어가 매우 발달하였으며, 한국어능력시험에서는 중급 이상의
단계에서 출제되고 있다. 의성어와 의태어는 발음과 관련되거나 형태와 관련된 경우가
많다. 따라서 의성어와 의태어를 학습할 때는 발음이나 형태에 유의해서 학습하는
것이 필요하며, 그 의미를 파악하기 위해서는 어원을 찾아 학습하는 것도 좋은 방법이다.

译文

所谓拟声词顾名思义就是模拟声音的词, 拟态词也就是模拟形态的词。韩国语中
的拟声拟态词汇很发达, 其相应题型在韩国语能力测试的中级以上阶段开始出现。
拟声词和拟态词大多与发音和形态有关, 因此学习时要多留意发音和形态, 在掌握意
义时挖掘其语源也是学习的好方法。

※( ) 안에 알맞은 말을 고르십시오.

[예1]

> 제 여자 친구는 눈이 별처럼 (　　　　) 빛난다.

① 살금살금　　　　② 주룩주룩
③ 반짝반짝　　　　④ 엉금엉금

단어(单词)

□□	별	星
	빛나다	闪耀
	살금살금	轻轻地
	주룩주룩	哗啦哗啦
	반짝반짝	闪闪发光
	엉금엉금	慢腾腾地

설명 이 유형의 문제는 설명하고자 하는 단어가 어떤 모양을 가지고 있으며, 그 단어의 상태를 묘사할 때 어떤 표현이 어울리는 지를 상상하는 것이 필요하다. [예1]의 ( ) 안에는 별이 빛나는 모양과 상태를 나타내는 어휘가 적절하다. 보기에 주어진 말이 무엇을 나타내는 말인지 살펴보면, '살금살금'은 '남이 알지 못하도록 눈치를 살펴가면서 살며시 행동하는 모양'을 나타내며, '주룩주룩'은 '굵은 물줄기나 빗물 등이 빠르게 자꾸 흐르거나 내리는 모양'을 나타낸다. 그리고 '반짝반짝'은 '작은 빛이 잇따라 나타났다가 사라지는 모양'을 나타내며, '엉금엉금'은 '큰 동작으로 느리게 걷거나 기는 모양'을 나타낸다. 따라서 정답은 ③번 '반짝반짝'이 된다.

解释 做这类题时需要了解该词汇所代表的事物的模样，并想象描写它的状态时用哪些表现手法更贴切。[例1]括号里需要的是描写星星闪光的词汇。在供选词汇中，'살금살금'是"悄悄地"的样子，'주룩주룩'是雨水之类的"哗啦啦"的声音，'반짝반짝'是"闪闪发光"的样子，'엉금엉금' 则表示"慢慢吞吞"。因此正确答案应该是 ③ '반짝반짝'.

[예2]

> 어제 밤에는 기숙사에서 같이 생활하는 친구가 감기에 걸려서 밤새 (   ) 기침을 하는 바람에 잠을 못 잤다.

① 주렁주렁   ② 꼬박꼬박

③ 칙칙폭폭   ④ 콜록콜록

☑ **단어**(单词)

□□ 감기에 걸리다   感冒

□□ 밤새   整夜

□□ 기침을 하다   咳嗽

□□ 주렁주렁   一簇簇

□□ 주룩주룩   哗啦哗啦

설명　[예2] 감기에 걸려서 기침을 하는 소리를 나타내는 말을 보기에서 찾아야 한다. 중국어에 의태어가 없는 상황에서 의태어가 어렵다고 앞에서 지적했다. 그렇다고 의성어가 쉽다는 것은 아니다. 의성어는 민족에 따라 인지하는 소리가 틀리기 때문에 역시 어렵다. 주어진 네개 단어를 두개 혹은 세개의 의미를 안다면 몰라도 네개 다 모른다면 그냥 비슷한 소리를 찾을 수 밖에 없을 것이다.

중국어에서 기침소리는 '咳咳'이라는 것은 알고 있다. 따라서 우리는 같은 계열의 자음(辅音)을 찾으면 될 것이다. 정답은 ④번 '콜록콜록'이 된다.

（解释）首先在供选词汇中寻找表示咳嗽的词语。前面已经指出：中国语中拟态词少，所以学习拟态词较难。其实拟声词也不容易掌握。民族不同，所认知的声音也不一样。如果在供选词汇中掌握了两个以上的词汇还可以找出答案，如果四个都不知道的话就只能寻找类似的声音了。

在中国语中，咳嗽声是"咳咳"，因此寻找同一系列的辅音，应该是第四"콜록콜록"。

4.3 연습문제 (练习)

1) 알맞은 말을 괄호 안에 넣기 (括号内填入恰当的单词)

※다음 (　　) 안에 알맞은 말을 고르십시오.

[1]

> 어느 나라든지 성공한 사람들을 살펴보면 한 사람도 (　　　　)된 사람은 없다.

① 저절로　　　　② 반드시
③ 여전히　　　　④ 비로소

[2]

> (　　　　) 말하면 이번 일은 한 사람의 잘못이 아니라 우리 모두의 잘못이다.

① 여전히　　　　② 도무지
③ 엄격히　　　　④ 오로지

[3]

> 이번에 새로 개발한 신제품을 외국 시장에서 먼저 판매하기 시작했는데,　우리가 생각했던 것보다 (　　　　) 현지 사람들의 반응이 좋았다.

① 도저히　　　　② 절대로
③ 의외로　　　　④ 마침내

단어

□ 성공	成功
□ 살피다	察看
□ 저절로	自己, 自行
□ 반드시	必须
□ 여전히	依旧

□ 도무지	怎么也(不)
□ 엄격히	严格地
□ 오로지	唯一, 只是

□ 개발하다	开发
□ 신제품	新产品
□ 판매	销售
□ 현지	当地
□ 반응	反映
□ 도저히	怎么也
□ 절대로	绝对
□ 의외로	意外地
□ 마침내	纵欲

2) 비슷한 말 고르기 (选择近义词)

※밑줄 친 부분과 의미가 비슷한 것을 고르십시오.

[1]

> 이번 시험은 준비를 많이 하지 못해서 성적이 안 좋을 거라고 생각했는데 <u>예상외로</u> 점수가 좋아서 기분이 아주 좋았다.

① 여전히　　　　② 뜻밖에
③ 게다가　　　　④ 하여튼

단어	
□ 성적	成绩
□ 예상외로	意外
□ 점수	分数
□ 기분	气氛
□ 여전히	依旧
□ 뜻밖에	意外
□ 게다가	而且
□ 하여튼	不管怎么样

[2]

> 대학 입학시험에 두 번이나 떨어졌지만 세 번째 시험에서 <u>드디어</u> 원하는 대학에 합격할 수 있었다.

① 마침내　　　　② 겨우
③ 간신히　　　　④ 애초에

단어	
□ 입학 시험	入学考试
□ 드디어	终于
□ 합격	合格
□ 마침내	终于
□ 겨우	毫不容易
□ 간신히	勉强地
□ 애초에	当初

[3]

> 직업을 고를 때는 자신의 적성과 재능을 고려해서 선택하는 것이 좋다. 자신의 적성이나 재능은 생각하지 않고 어쩔 수 없이 하거나, 남들의 시선을 의식해서 하기 싫은 일을 <u>억지로</u> 하게 되면 평생 동안 그 일을 하기는 불가능하다.

① 절대로　　　　② 엄청나게
③ 드디어　　　　④ 마지못해

단어	
□ 고르다	挑
□ 적성	适性(适合性格)
□ 재능	才能
□ 고려하다	考虑
□ 선택하다	选择
□ 억지로	勉强地
□ 시선	视线
□ 의식하다	意识
□ 불가능	不可能
□ 절대로	绝对的
□ 엄청나게	很, 相当地
□ 드디어	终于
□ 마지못해	勉强

3) 의성의태어 찾기 (找出拟声拟态词)

※밑줄 친 부분과 바꿔 쓸 수 있는 의성의태어를 고르십시오.

[1]

> 아기가 (   ) 걷는 모습을 보면 귀엽지만 넘어질 것 같아서 불안하다.

① 싱글벙글　　　② 아장아장
③ 꼬박꼬박　　　④ 들썩들썩

[2]

> 갑자기 부엌에서 (   ) 하고 접시가 깨지는 소리가 나서 깜짝 놀랐다.

① 똑똑　　　② 쿵쿵
③ 쨍그랑　　　④ 꼬르륵

[3]

> 아버지께서는 항상 우리에게 모든 가족이 함께 모여 (   ) 사는 게 꿈이라고 말씀하셨다.

① 오순도순　　　② 두근두근
③ 빈둥빈둥　　　④ 무럭무럭

단어

□ 귀엽다　可爱
□ 넘어지다　倒下
□ 불안하다　不安

□ 갑자기　突然
□ 부엌　厨房
□ 깨지다　碎

※다음 글을 읽고 물음에 답하십시오.

> 집 사립문 앞에 이르자, 동길이는 (   ) 그 자리에 멈추어 섰다. 마루에 (   ) 드러누워 있는 사람이 있었던 것이다.
>
> 어머니도 아니었다. 남자였다. 동길이는 ㉤(   ) 사랑 안으로 걸어 들어갔다. 어머니는 부엌문 앞에서 무엇을 (   ) 치대고 있었다. 인기척에 후딱 뒤를 돌아본 어머니는 마루에 누워 있는 사람을 눈으로 가리켰다. 어머니의 두 눈에는 슬픔 빛이 서려 있었다.
>
> 동길이는 어찌 된 영문인지 알 수가 없었다. 그러나 마루에 누워 있는 사람이 누구라는 것을 알아챘다.
>
> "아부지!"
>
> ……
>
> 꼬빡 2년 만에 돌아온 아버지……. 동길이는 조심스럽게 아버지의 얼굴을 들여다 보았다. 시꺼멓게 탄 얼굴에 (   ) 꺼져 들어간 두 눈자위, 그리고 코밑이란 턱에는 수염이 지저분했다. 목덜미로 식은 땀이 흐르고, 입언저리에는 파리떼가 ㉥(   ) 붙어 있었다. 그러나 아버지는 그런 줄도 모르고 ('   ')코를 불면서 자고만 있다. 동길이는 파리란 놈들을 쫓았다.

1) 괄호 안에 들어갈 말을 순서대로 적은 것을 고르십시오.

    ① 푸푸   움푹   푸푸   흠칫
    ② 흠칫   벌렁   움푹   푸푸
    ③ 벌렁   북북   흠칫   움푹
    ④ 흠칫   벌렁   푸푸   움푹

2) ㉤에 들어갈 말을 고르십시오.

    ① 조심조심   ② 조마조마   ③ 살랑살랑   ④ 가만가만

3) ㉥에 들어갈 말을 고르십시오.

    ① 부글부글   ② 바글바글   ③ 보글보글   ④ 꾸불꾸불

※아래를 읽고 물음에 답하십시오.

> 좁은 골목들, (   )한 집들과 구멍가게가 들어서 있는 흔한 동네풍경. 하지만 언뜻 뻔해 보이는 이 풍경은 들여다볼수록 깊어서 어디에서 갈피를 (㉠)을지, 어느 길에서부터 윤곽을 (㉡)야 할지 망설이게 만드는 그런 것이다.

(1) (   ) 안에 알맞은 말을 고르십시오.

    ① 고만고만   ② 커다란   ③ 꾸역꾸역   ④ 오순도순

(2) ㉠과 ㉡에 공통으로 들어갈 단어를 고르십시오.

    ① 풀다   ② 쥐다   ③ 잡다   ④ 그리다

구석구석	每个角落，到处。
차례차례	依次，挨次的样子。
굽이굽이	弯弯曲曲貌，曲曲折折貌。
빙글빙글	微笑貌，旋转貌。뱅글뱅글
쿵쿵	咕噔，咚咚。콩콩
드문드문	零零星星，疏疏落落的样子。
넘실넘실	滚滚，翻滚。남실남실
중얼중얼	自言自语，喃喃自语的样子。종알종알
한들한들	摇动，飘动的样子。
길이길이	永远，长久。
구불구불	蜿蜒，曲曲折折的样子。
으스스	1) 冷丝丝，凉丝丝　2) 害怕时的感觉。
슬슬	1) 渐渐地的样子。　2) 轻轻的样子。
싱숭생숭	心乱，忐忑不安的样子。
티각태각	互不投合的样子。
우물쭈물	含含糊糊
우락부락	暴躁貌
오손도손	多指亲切地，多情和睦的样子。
어슷비슷	差不多的样子。
안절부절	坐立不安，焦躁不安状态。
알뜰살뜰	精细貌，细心貌。
올망졸망	大大小小样子。
쭈굴쭈굴	衣服，纸张或脸皱巴巴的样子。쪼글쪼글
옥신각신	争吵，明争暗斗的样子。
울룩불룩	凹凸不平的样子。올록볼록
애걸복걸	苦苦哀求的样子。
갈팡질팡	惊惶失措样子。
아슬아슬	累卵之威
살랑살랑	1) 轻柔的风相继吹拂脸颊的样子。설렁설렁
꼬박꼬박	1) 形容对别人的话特别顺从的样子。　2) 一直没有间断的状态。

주렁주렁	1) 果实类结得特别多的样子。　2) 一个人拉扯多个孩子的状况。
꼬깃꼬깃	(纸类)皱巴巴的样子。
주룩주룩	1) 形容哗哗的雨声或哗啦下雨的状态。 쪼록쪼록 2) 较粗的水柱通过狭窄的窟?或平面时, 时流时断的流水声或状态。
꾸벅꾸벅	对别人的话惟命是从的样子。
꾸역꾸역	1) 很多人或物陆续往一处聚合或涌出的状态。 2) 感觉恶心的样子。
들썩들썩	1) 比较轻轻的物体被掀起后又沉下去的样子。 2) 把比较轻轻的物体拿起又放下的样子。 3) 受到某种刺激而心神不定的样子。 달싹달싹 4) 给别人某种刺激而使人心里动摇地样子。
뚜벅뚜벅	1) 稳健而充满自信地走路的样子。 또박또박
아장아장	多指身材矮小的人小步缓缓而行的样子。 어정어정
활활	火势熊熊燃烧的样子。
훨훨	(飞禽)翩翩飞翔的样子。
글썽글썽	眼泪盈眶的样子。
바짝바짝	1) 紧紧的, 偎　2) 干巴巴, 焦干, 枯焦
부랴부랴	急急忙忙的样子。
꿈틀꿈틀	蠢蠢欲动貌。
흔들흔들	摇摇摆摆, 摇摇晃晃的样子。 한들한들
머뭇머뭇	因为害羞行为不自然的样子。
무럭무럭	1) 苗壮成长样子。　2) 蒸汽, 烟等气体上升的样子。 모락모락
옹기종기	大小不一, 大大小小的样子。
조마조마	非常紧张的样子。
빈둥빈둥	游手好闲, 悠悠荡荡的样子。
두근두근	非常紧张的情貌。
푹	1) 严实　2) 烂透
쭉	1) 哧溜　2) 一大排　3) 一直
꽉	1) 满满地　2) 使劲, 紧紧地
텅	空荡荡, 空落落
딱	1) 正好, 恰好　2) 紧贴的样子。
반짝반짝	闪闪发光
살금살금	悄悄地
엉금엉금	慢慢吞吞

4.5 한국어능력시험에 출제된 부사 모음 (韩国语能力考试中出现的副词)

정성껏	诚心诚心诚意		골고루	均匀
오히려	反而		그대로	照样
바로	一直, 正是		일절	一切, 一概
계속	继续		그만	到此为止, 就此
더구나	更是		비로소	才是
도무지	全然, 根本, 完全		함부로	随便, 大肆
저절로	自然而然, 自行		뜻밖에	意外
반드시	必须		여전히	还是
절대로	绝对		마지못해	勉强
마침	正好		대개	大概
다소	多少		무려	足有
정작	真格的, 却		우선	首先
대강	大概		대신	代替
겨우	勉强		마침내	终于
애초에	当初		간신히	好不容易, 勉强
요컨대	总而言之		당장	立即
과연	果然		도대체	到底
오로지	只有		스스로	自行
억지로	勉强		어차피	反正
그저	随便, 无意, 仍然		도저히	决然, 根本
설령	虽然, 即使		일단	一旦
차마	用在否定或疑问句前面, 表示 "那么可怜, 悲痛, 怎能"的意思。		어련히	以疑问的形式表示没有理由 做错的意思。
벌써	已经		곧	马上
아까	刚才		아직	与否定句连接表示"还"
겨우	勉强		일부러	故意
우연히	偶然		대체로	大体上
섣불리	草率, 轻率, 冒失		어설피	結构不紧密, 稀疏
차라리	那样的话……倒不如		미리	预先 提前

이왕	以往, 既往	굳이	非要不可, 一定
별안간	突然	막상	实际, 真
마냥	尽情, 满意	오죽	多么
결코	绝对	달리	另外
반대로	相反	똑바로	一直, 笔直
절대로	绝对	반드시	必须
하긴	说真的	비록	虽然
별로	不怎么样	드디어	终于
끝내	终于	하마터면	差点儿
자칫하면	有些事情只要稍微有差错就会……。	툭하면	只要有什么事情就习惯性地, 动不动就…
걸핏하면	表示只要有事动不动就……	실컷	尽情地

관용어 및 속담 출제경향분석과 출제형식
(惯用语及成语类题目的出题倾向及类型分析)

　　관용어란 둘 이상의 단어가 결합하여 각 단어가 가진 글자 그대로의 의미가 아닌 제3의 의미를 가진 습관적으로 말로 쓰이는 말이다. 관용어는 같은 내용을 어떻게 하면 더 효과적으로 표현하고자 하는 동기에서 시작되었다. 따라서 다양한 관용어를 학습하고 사용할 수 있도록 연습하면 한국어의 표현 능력을 한 단계 더 향상 시킬 수 있다.

　　관용어는 그 단어들의 의미만으로는 전체의 의미를 알 수 없는 특수한 의미를 나타내는 표현이기 때문에 단어의 의미만을 이해한다고 해서 전체 의미를 파악하기는 어렵다. 따라서 관용어를 학습할 때는 관용어와 발화 기능이 어떤 관계를 가지고 있는지를 파악하고 있어야 하며, '발, 귀, 손, 눈' 등과 같은 신체어와 관련 있는 관용어를 유형별로 분류하여 함께 학습하는 것이 좋다.

　　또한 유의 관계나 반의 관계와 같이 의미 관계에 따라 관용어를 학습하거나 관용어와 일상어와의 관계 속에서 관용어를 의미를 학습하는 것이 유용하다.

译文

　　所谓惯用语是指两个以上的单词结合表示字面以外的第三个意义的言语。使用惯用语的目的就是把同样的内容表现得更为有效、生动。所以正确使用惯用语能够提高韩国语表达能力。惯用语的构成单词本身的意义不能表示其要表达的整体意义，所以只理解单词本身意义无法正确地把握整体意义。学习惯用语时，如果把与身体五官有关的惯用语按类别分类学习的话会更有效。

　　还有根据近义关系、反义关系学习惯用语，或是在惯用语和日常用语的关系中学习惯用语，都会增进学习的效果。

5.2 유형별 문제 및 설명 (题目分类及解析)

1) 비슷한 말 고르기 (选择近义词)

※밑줄 친 부분과 바꿔 쓸 수 있는 것을 고르십시오.

[예1]

> 새해에는 술도 끊고 담배도 줄이기로 <u>마음먹었습니다</u>.

① 깨달았습니다
② 결심했습니다
③ 신청했습니다
④ 연락했습니다

☑ **단어**(单词)

□□	끊다	断, 切
□□	줄이다	缩小
□□	마음먹다	决心
□□	깨닫다	悟出
□□	결심하다	下决心
□□	신청하다	申请
□□	연락하다	联络

[설명] [예1]의 문제는 주어진 문장에서 밑줄 친 관용어와 같은 의미를 가지고 있는 어휘를 보기에서 찾는 문제이다. 이러한 유형의 문제는 밑줄 친 어휘가 가지고 있는 글자 그대로의 의미가 아닌 관용적 의미를 알고 있어야 해결할 수 있는 문제이다. 밑줄 친 '마음먹다'는 '무엇을 하겠다는 생각을 하다'라는 관용적 의미를 가지고 있다. 따라서 보기에 주어진 어휘 중에서 이와 같은 의미로 사용될 수 있는 어휘는 '무엇을 하겠다고 마음으로 굳게 정하다'라는 의미를 가지고 있는 ② 번 '결심하다'가 정답이 된다.

[解释] [例1]是找出与句中划线部分惯用语具有相同意义的词。这类题要掌握划线部分词汇的惯用意义，而非只知其字面上的意义。划线部分的 '마음먹다' 表示 '决心' 的惯用意义。因此在供选词汇中表示此意思的就是汉字词② '결심하다' 为正确答案。

[예2]

> 이 일을 하기 위해서 며칠 밤을 새워 준비했지만 아직도 <u>안심할</u> 수가 없다.

① 마음을 놓을
② 마음이 무거울
③ 마음에 둘
④ 마음을 줄

☑ **단어**(单词)

☐☐	밤을 새우다	熬夜
☐☐	안심하다	安心
☐☐	마음을 놓다	放心
☐☐	마음이 무겁다	心情?重
☐☐	마음에 두다	放在心里
☐☐	마음을 주다	推心置腹

설명 먼저 밑줄 친 '안심하다'의 뜻을 살펴보면 '모든 걱정을 떨쳐 버리고 마음을 편히 가지다'는 뜻으로 사용할 수 있다. 그리고 보기에 주어진 관용어를 살펴보면 모두 '마음'과 관련된 관용어이다. '마음을 놓다, 마음이 무겁다, 마음에 두다, 마음을 주다'와 같이 사용할 수 있다.

각각의 의미를 살펴보면, '마음을 놓다'는 '걱정이나 근심, 긴장 등을 잊거나 풀어 없애다', '마음이 무겁다'는 '마음이 유쾌하지 못하고 침울하다', '마음에 두다'는 '잊지 아니하고 마음속에 새겨두다', '마음을 주다'는 '마음을 숨기지 아니하고 내 보이다'는 뜻으로 사용할 수 있다. 따라서 밑줄 친 '안심하다'와 비슷한 의미를 가지고 있는 관용어는 ①번 '마음을 놓다'이며 정답이 된다.

(解释) 划线部分的 '안심하다' 表示 '모든 걱정을 떨쳐버리고 마음을 편히 가지다' 之意。所有供选的惯用语都可以和 '마음' 搭配。 可搭配为 '마음을 놓다, 마음이 무겁다, 마음에 두다, 마음을 주다' 等。 '마음을 놓다' 表示"放心"; '마음이 무겁다' 表示心情沉重; "마음에 두다"表示放在心里; "마음을 주다" 表示不隐瞒, 因此与划线部分词汇意义相近的惯用语应该是 ① 。

2) 일상어와 관계있는 관용어 찾기 (找出常见惯用语)

※밑줄 친 부분과 바꿔 쓸 수 있는 것을 고르십시오.

[예1]

그 사람은 마흔이 넘었지만 자신의 꿈을 이루기 위해 새로운 일을 <u>시작했다</u>.

① 발이 넓다
② 발을 들여놓다
③ 눈이 높다
④ 골치가 아프다

✔ **단어**(单词)

□□	기억하다	记住
□□	발이 넓다	脚宽, 社交面广
□□	줄을 서다	排队
□□	눈이 높다	眼高
□□	손이 크다	手大, 财大气粗

설명 이 유형의 문제는 보기에 주어진 관용어의 정확한 의미와 용법을 알고 있어야 해결할 수 있는 문제이다. 밑줄 친 '시작했다'의 의미를 가지고 있는 관용어를 찾기 위해서 보기에 주어진 관용어의 의미를 살펴보면 '발이 넓다'는 '알고 지내는 사람이 많다'는 뜻으로 사용되며, '발을 들여놓다'는 '어떤 일을 시작하다'는 뜻으로 사용할 수 있다. 그리고 '눈이 높다'는 '어떤 것을 선택할 때 다른 사람들 보다 기준이 높다'는 뜻이며, '골치가 아프다'는 '어떤 일이나 사태를 해결하기가 어렵다'는 뜻으로 사용할 수 있는 관용어이다. 따라서 정답은 ②번 '발을 들여놓다'가 된다.

解释 这类题要求准确地掌握供选惯用语的正确意义和用法。为了找出划线部分词汇"시작했다(开始)"的惯用语, 仔细究供选的惯用语可以发现: '발이 넓다' 表示 '交际广', '발을 들여놓다' 表示 "开始某种事情"。还有 "눈이 높다" 则表示 "眼皮高"; "골치가 아프다" 表示 "决问题非常难", 因此正确答案因该是 ② '발을 들여놓다'。

[예2]

> 그 사람은 평생 동안 자신이 하고 싶어 했던 일을 <u>그만두고</u> 가족들과 함께 시간을 보내기 위해 멀리 떠났다.

① 입이 무겁다
② 눈을 감다
③ 손을 떼다
④ 귀가 따갑다

☑ **단어**(单词)

□□ 손을 떼다		金盆洗手
□□ 손을 잡다		联合
□□ 귀가 얇다		耳根子软
□□ 입이 무겁다		守口如瓶

설명   밑줄 친 '그만두다'라는 뜻으로 사용할 수 있는 관용어를 찾기 위해 보기에 주어진 관용어의 의미를 살펴보면 먼저 '입이 무겁다'는 '말이 적거나 아는 일을 쉽게 말하지 않는다.'는 뜻으로 사용할 수 있으며 '눈을 감다'는 '사람이 죽다'는 뜻으로 사용할 수 있다. 그리고 '손을 떼다'는 '하던 일을 그만두다'는 뜻으로 사용할 수 있으며, '귀가 따갑다'는 '너무 여러 번 들어서 듣기가 싫다'는 뜻으로 사용할 수 있다. 따라서 정답은 ③번 '손을 떼다'가 된다.

解释   为了给划线部分的词汇寻找惯用语, 仔细研究供选惯用语可以发现: "입이 무겁다" 表示 "守口如瓶"; "눈을 감다" 表示 '死'; "손을 떼다" 表示 "洗手不干", "귀가 따갑다" 表示 "听了很多次, 听得厌烦"。因此正确答案应该是 ③ "손을 떼다"。

2) 속담 (成语 / 谚语)

속담이란 옛날부터 민간에서 만들어져 말로 전해 내려온 것으로 일상적인 삶의 모습과 교훈을 전달하는 말이다. 속담 역시 관용어와 마찬가지로 각 단어의 글자 그대로의 의미가 아닌 제3의 의미를 가지고 있지만 교훈성을 가지고 있다는 점에서 관용어와 구별된다. 따라서 다양한 속담을 익히고 학습하는 것은 한국어의 표현 능력을 향상시킬 뿐만 아니라 한국 문화 이해의 측면에서도 아주 유용하다.

译文

成语/谚语是从古至今，在民间形成并传承的、对生活和人生的描写和训诫。谚语和惯用语一样，所表达的意义并不是各自单词的表面意义，而是字面意义以外的意义，与惯用语的区别在于它具有教育训诫性。学习和掌握谚语不仅有助于提高韩国语表达能力，还有助于理解韩国文化。

1) 비슷한 말 고르기 (选择近义词)

※밑줄 친 부분과 바꿔 쓸 수 있는 것을 고르십시오.

[예1]

> 다른 사람들이 칭찬하고 존경할수록 더욱더 겸손해야 한다.

① 등잔 밑이 어둡다.
② 쇠귀에 경 읽기.
③ 가는 날이 장날이다.
④ 벼는 익을수록 고개를 숙인다.

✓ **단어**(单词)

□□ 칭찬하다	称赞
□□ 존경하다	尊敬
□□ 겸손하다	谦虚

설명 [예1]의 문제에서는 밑줄 친 '더욱더 겸손해야 한다.'는 의미를 가지고 있는 속담을 보기에서 찾을 수 있어야 한다. ④번 '벼는 읽을수록 고개를 숙인다'는 '많이 배운 사람일수록 겸손해서 남 앞에서 자기를 낮춘다'는 뜻으로 사용할 수 있다. 따라서 정답은 '겸손하다'는 뜻을 가지고 있는 ④번 '벼는 익을수록 고개를 숙인다'가 된다.

解释
　　要寻找能够替代[例1]中划线部分的谚语，即具有"应该更加谦虚"之意的谚语，观察所有供选谚语可发现："벼는 읽을수록 고개를 숙인다"表示"谦虚"。因此正确答案应该是 ④。

[예2]

> 현대 사회는 '스피드'가 중요한 시대라고 한다. 아무리 좋고 중요한 정보가 있어도 그것을 다른 사람보다 먼저 차지하지 못하면 아무런 의미가 없기 때문이다. 하지만 이러한 '스피드'가 중요한 시대에도 지금 우리에게 필요한 것은 (   )는 옛말을 기억하는 것이다.

① 호랑이도 제 말하면 온다.
② 돌다리도 두드려 보고 건너라.
③ 가는 말이 고와야 오는 말이 곱다.
④ 발 없는 말이 천리 간다.

☑ **단어**(单词)

□□	스피드	速度
□□	시대	时代
□□	정보	情报
□□	차지하다	占有
□□	옛 말	故事
□□	기억하다	记住

글의 전체적인 의미를 살펴보면 지금은 '스피드'가 중요한 시대이지만 그것뿐만 아니라 다른 것도 중요하다는 내용이다. 따라서 어떤 일을 할 때 '스피드'와 함께 중요한 것이 무엇인지 파악 할 수 있어야 하는데, 어떤 일을 속도가 빠르게 처리하는 것도 중요하지만 정확하고 꼼꼼하게 하는 것도 필요하다는 것을 알 수 있다. 그러므로 ( ) 안에 들어갈 속담은 어떤 일을 할 때 빨리 하는 것도 중요하지만 오히려 정확하고 꼼꼼하게 하는 것이 더 중요하다는 의미로 사용될 수 있는 것이어야 한다. 이와 관련된 속담은 ②번 '돌다리도 두드려보고 건너라'가 된다.

解释

研讀文章整體可以得出結論：当今世界雖爲"速度"時代，但不能忽視其他要素。即有的事情既要重視速度，也要注重細致。因此塡空的諺語應該是含有上述意義。與此有關的諺語應該是②'돌다리도 두드려 보고 건너라'。

5.3 연습문제 (练习)

1) 알맞은 말을 괄호 안에 넣기 (括号内填入恰当的单词)

※밑줄 친 관용어의 뜻을 잘 설명한 것을 고르십시오.

단어

[1]

> 처음 가는 해외여행이라서 기분이 좋았지만 공항에서 가방을 잃어버리는 바람에 <u>애를 먹었다.</u>

① 마음이 아팠다　　② 눈물이 났다
③ 노력을 했다　　　④ 고생을 했다

□ 애를 먹다	吃苦
□ 마음이 아프다	心疼
□ 눈물이 나다	流泪
□ 노력을 하다	努力
□ 고생을 하다	吃苦

[2]

> 인생을 살다 보면 내 계획과 생각을 벗어나거나 아무리 <u>애를 써도</u> 뜻대로 되지 않는 일들이 많이 있다.

① 노력해도　　　② 고생을 해도
③ 꿈을 꿔도　　　④ 화를 내도

□ 인생	人生
□ 애를 쓰다	努力
□ 꿈을 꾸다	做梦
□ 화를 내다	发火, 生气

[3]

> 아침마다 아내가 <u>바가지를 긁는</u> 바람에 회사에서 일도 하기 싫고 집에 일찍 들어가기도 싫다.

① 화를 내다　　　② 잔소리를 하다
③ 신경을 쓰다　　④ 마음을 놓다

□ 바가지를 긁다	发牢骚
□ 잔소리를 하다	发牢骚
□ 신경을 쓰다	用心
□ 마음을 놓다	放心

2) 비슷한 말 고르기 (选择近义词)

※밑줄 친 부분과 바꿔 쓸 수 있는 관용어를 고르십시오.

[1]
> 그 사람의 인격과 성품을 경험할 때 마다 이기적이고 욕심 많은 나 자신이 <u>부끄럽다</u>.

① 눈에 선하다　　② 눈앞이 캄캄하다
③ 귀가 아프다　　④ 낯이 뜨겁다

[2]
> 잠을 자고 밥을 먹는 시간을 제외하면 거의 모든 시간을 공부만 했지만 이번에 또 <u>시험에 떨어졌다</u>.

① 발을 빼다　　② 입에 담다
③ 시치미를 떼다　　④ 미역국을 먹다

[3]
> 열심히 공부해서 훌륭한 사람이 되라는 말은 어렸을 때부터 <u>지겹도록</u> 들었지만,　진정으로 훌륭한 사람이 어떤 사람인지에 대해서는 들어보지 못했다.

① 귀가 아프다　　② 귀가 얇다
③ 귀가 가렵다　　④ 귀가 크다

<table>
<tr><td colspan="2">단 어</td></tr>
<tr><td>□ 인격</td><td>人格</td></tr>
<tr><td>□ 성품</td><td>人品</td></tr>
<tr><td>□ 이기적</td><td>自私的</td></tr>
<tr><td>□ 욕심</td><td>贪欲</td></tr>
<tr><td>□ 부끄럽다</td><td>害羞</td></tr>
<tr><td>□ 눈에 선하다</td><td>浮现在眼前</td></tr>
<tr><td>□ 눈앞이 캄캄하다</td><td>绝望</td></tr>
<tr><td>□ 귀가 아프다</td><td>听得厌烦</td></tr>
<tr><td>□ 낯이 뜨겁다</td><td>害臊</td></tr>
<tr><td>□ 제외하다</td><td>除外</td></tr>
<tr><td>□ 발을 빼다</td><td>推卸</td></tr>
<tr><td>□ 입에 담다</td><td>挂在嘴边</td></tr>
<tr><td>□ 시치미를 떼다</td><td>装蒜</td></tr>
<tr><td>□ 미역국을 먹다</td><td>落榜</td></tr>
<tr><td>□ 지겹다</td><td>厌倦</td></tr>
<tr><td>□ 진정으로</td><td>真正的</td></tr>
<tr><td>□ 귀가 아프다</td><td>听得厌烦</td></tr>
<tr><td>□ 귀가 얇다</td><td>耳根子软</td></tr>
<tr><td>□ 귀가 가렵다</td><td>耳朵痒</td></tr>
</table>

3) 속담 찾기 (找出成语)

※다음 (   ) 안에 알맞은 말을 고르십시오.

[1]

> 건나 씨는 한국에서 생활한 지 5년이나 되기 때문에 한국 사람들과 이야기하는 데는 <u>아무 어려움이 없다</u>.

① 시작이 반
② 누워서 떡 먹기
③ 하늘의 별 따기
④ 수박 겉핥기

□ 어려움　难处

[2]

> (   )는 말처럼, 아무리 큰 잘못을 했더라도 상대방에게 웃는 얼굴로 용서를 구한 다면 큰 문제는 되지 않을 것이다.

① 웃는 얼굴에 침 못 뱉는다.
② 가는 말이 고와야 오는 말이 곱다.
③ 남의 떡이 커 보인다.
④ 바늘 도둑이 소도둑 된다.

□ 잘못　　错误
□ 상대방　对方
□ 용서　　原谅

[3]

외국어를 공부할 때는 인내심이 필요하다. 실력이 부족하고 잘 몰라도 매일 매일 꾸준히 공부하다 보면 잘 할 수 있게 되고, 또 아무리 똑똑하고 능력이 뛰어나더라도 기초부터 차근차근 공부하지 않으면 좋은 결과를 기대하기는 어렵다. 가끔 한국어를 공부하는 외국 학생들 중에는 짧은 시간 안에 한국어 실력이 크게 향상되기를 원하는 학생들이 많다. 하지만 다른 외국어와 마찬가지로 한국어도 인내심을 가지고 기초부터 꾸준히 공부하는 것이 필요하다. 왜냐하면 외국어 실력이 <u>하루아침에 향상 될 수 없기</u> 때문이다.

단어	
□ 인내심	耐心
□ 실력	实力
□ 부족하다	不足
□ 꾸준히	坚持不懈地
□ 능력	能力
□ 차근차근	仔细的, 有条有理
□ 결과	结果
□ 기대하다	期待
□ 향상되다	向上

① 갈수록 태산이다.

② 작은 고추가 맵다

③ 천리 길도 한 걸음부터

④ 호랑이도 제 말 하면 온다.

5.4 상용 관용어 모음 (常用惯用语)

손이 크다	①大方, 手巴子大, 大手大脚 ②有能力, 有办法
손이 작다	小里小气, 小手小脚, 吝啬
손을 대다	①着手, 动手, 入手, 下手
손을 떼다	①住手 ②撒手不做, 下手
손을 놓다	放手不干, 撒手不干, 放下
손을 보다	修理, 修补, 整理, 整修, 修改
손에 익다	拿手, 顺手, 熟练
손에 설다	手生, 不熟练, 手笨, 不顺手
손에 넣다	据为已有, 拿到手, 到手
손이 모자라다	人手不夠
손이 비다	①(搞完工作)闲空, 闲下来 空闲 ②空手, 手里空空的
손이 맞다	配合得好
손을 쓰다	设法解决, 措手, 动手
발이 넓다	交际广, 广交八方
발을 빼다	①脱鞋 ②拔脚, 抽身, 脱身, 摆脱
발을 붙이다	立足, 站得住
낯이 두껍다	脸皮厚
낯이 뜨겁다	感到脸红, 没脸见人, 惭愧, 难为情, 不好意思
낯이 없다	①没脸面, 没脸见人 ②不认识
낯이 익다	面熟, 面善, 眼熟, 看惯
낯이 깎이다	不光彩, 丢脸, 丢丑, 丢面子, 丢人显眼
코가 높다	趾高气扬, 自命不凡
콧대가 세다	①刚 自用 ②(牛马等)不听使唤
코에 걸다	①依仗优势, 炫耀自己 ②依仗, 仗恃
귀가 밝다	①耳尖, 耳聪目明 ②消息灵通
귀가 아프다	①震耳欲聾(比喻因说得太多) ②吵得耳朵痛
귀에 못이 박히다	耳鼓磨出蛮子来(比喻听得太多感到厌烦)
귀에 익다	耳熟, 听惯
귀박으로 듣다	当耳边风 当耳旁风, 听而不闻

입이 가볍다	嘴不稳
입이 무겁다	嘴稳
입을 떼다	开口说话
입에 침이 마르도록	赞不绝口
입을 모으다	異口同声
가슴이 선뜩하다	惊心胆寒 心里一惊 令人心悸
가슴이 덜컹하다	大吃一惊
가슴이 두근거리다	忐忑不安, 心怦怦
어깨에 힘을 주다	摆架子
어깨가 가볍다	心里轻松 肩膀轻松 如释重负
어깨가 무겁다	肩负重担, 任重道远
간을 녹이다	①心烦意亂, 心亂如麻 ②扣人心弦
간이 콩알만하다	胆小如鼠
간에 가 붙고 쓸개에 가 붙다	风大随风, 雨大随雨; 见风转舵 朝秦暮楚
간에 바람이 들다	虚张声势, 轻瓢
눈이 멀다	①眼瞎 瞎了眼 ②盲目, 乱, 瞎
눈에 들다	①看到 ②中意, 看上眼
눈이 맞다	①双方视线相遇 对视 ②(男女间)情投意合, 心心相印
마음을 놓다	放心, 松心
마음이 통하다	知心, 情投意合
마음에 들다	称心如意, 称心称意
마음 먹다	决心, 决意
낯이 익다	面熟, 眼熟, 看惯
어깨가 무겁다	肩负重任, 任重道远
입이 무겁다	嘴稳
입이 가볍다	嘴不稳
입이 빠르다	嘴快
입다물다	闭口, 绝口不道, 默不作生
입을 열다	开口说话
국수를 주다	请吃糖, 喝喜酒(喻结婚)
미역국을 먹다	落榜

고개를 숙이다	地头, 低首下心
사람이 짜다	吝啬鬼
식은죽 먹기	易如反掌
마음에 걸리다	牵挂, 挂念
눈코 뜰새 없다	忙不开交
바람맞다	放鸽子
마음을 졸이다	提心吊胆, 焦心, 焦急
손이 많이 가다	通过人手
풀이 죽다	情绪 丧; 没精打辨, 意气消沉; 垂头丧气
햇병아리/햇내기	新手
하늘의 별 따기	难如上天摘星星
배보다 배꼽이 크다	本末倒置
눈감아 주다	装没看见
기가 막히다	啼笑皆非
해가 서쪽에서 뜨다	太阳从西边出了
김치국부터 마신다	老虎还在山上就把皮子卖了。
바닥이 나다	油干灯草尽
목에 힘주다	摆架子
담을 쌓다	壘牆擂壁(比喻断绝交往, 有隔閡)
싼게 비지떡	便宜没有好货。
눈에 거슬린다	看不惯
눈에 넣어도 안 아프다	放在眼里也不觉得疼。
남의 떡이 더 커 보인다	家菜不香，外菜香
소귀에 경읽기	对牛弹琴
누워서 떡먹기	易如反掌
배보다 배꼽이 더 크다	本末倒置

5.5 상용 속담 모음 (常用成语 / 谚语)

가는 말이 고와야 오는 말이 곱다	礼上往来。
가뭄끝은 있어도 장마끝은 없다	旱有边, 捞无际。
가재는 게편이다	物以类聚, 人以群分。
감나무 밑에 누워 홍시 입 안에 떨어지기 바란다	躺在柿子树下等着柿子掉下來。守株待口
개밥에 도토리	狗食里的橡子。(比喻众人嫌弃而孤立的人。)
고래싸움에 새우등 터진다	龙虎相斗, 鱼虾遭殃。
고생 끝에 낙이 온다	苦尽甘来。
곡식 이삭은 잘 팰수록 고개를 숙인다:	谷粒越饱满, 谷穗越垂头。
공염불하듯 한다	脱裤子放屁, 多此一举。
구관이 명관이다	前官才是清官。
궁지에 몰린 쥐는 고양이를 문다	狗急跳牆。
귀머거리 삼년이요, 벙어리 삼년이라	聋三年, 哑三年。
구슬이 서말이라도 꿰어야 보배	玉不琢, 不成器。
귀에 걸면 귀걸이, 코에 걸면 코걸이	嘴是两张皮, 咋说咋有理。
그림의 떡	画中之饼。
그 애비에 그 아들이다	有其父必有其子。
급하면 바늘 허리에 실 매어 쓴다	再急也不能把线绑在针腰上使。
급히 먹는 밥이 목에 멘다	万事尽从忙里错。
까마귀가 검다고 마음까지 검을까?	以貌取人
꼬리가 길면 밟힌다	露出马脚
나간 놈 몫은 있어도 자는 놈 몫은 없다	外出的有分, 睡觉的没分。
낙수물이 댓돌을 뚫는다	滴水穿石。
남의 잔치에 감놓아라, 배놓아라 한다	鸭行老板管蛋闲事。
낮말은 새가 듣고 밤말은 쥐가 듣는다	只在路上说话, 不知草里有人。
내 땅 까마귀는 검어도 귀엽다	家乡乌鸦黑也可爱。

낫 놓고 기역자도 모른다	目不识丁
눈안에 든 가시다	眼中钉
닭잡아 먹고 오리발 내민다	不认账
도끼로 제 발등 찍는다	搬起石头打自己的脚
도끼 자루 썩는 줄 모른다	不知斧柄朽
도둑 한 놈에 지키는 사람 열이 못당한다	贼喊捉贼
도둑이 매를 든다	一人拼死, 万夫莫当
도마에 오른 고기 신세다	砧板上的肉
될성 싶은 나무는 떡잎부터 알아본다	人看从小, 马看蹄爪
들으면 병이요, 안들으면 약이다	耳不听, 心不烦
돌을 들어 제 발등을 깐다	搬起石头打自己的脚
말은 보태고 떡은 뗀다	话越传越多, 钱越用越少
매도 먼저 맞는 놈이 낫다	挨打也是先挨得好
미운 놈 떡 하나 더 준다	可恶的人, 多给他一个饽饽
민심이 천심이라	民心是天心
부뚜막의 소금도 집어 넣어야 자다	天上落金子也要靠起早
불에 놀란놈이 부지깽이만 보아도 놀란다	一朝被蛇咬, 十年怕井绳
비는 데는 무쇠도 녹는다	人怕求, 米怕筛
사공이 많으면 배가 산으로 간다	船工多, 撑翻船
사돈집과 뒷간은 멀어야 한다	亲亲故故远来看
뱁새가 황새 따르면 가랑이가 찢어진다	麻雀不能跟着燕子飞
새도 가지를 가려 앉는다	鸟也择枝而棲
새잡아 잔치할 것을, 소잡아 잔치한다	杀雀之宴反宰牛
서리맞은 병아리	霜打的茄子
서투른 목수가 연장만 너무란다	不会拉屎怪马桶
십년 세도 없고 열흘 붉은 꽃없다	花无常红, 月无常圆
십년이면 산천도 변한다	十年江山变
술과 친구는 오래 될수록 좋다	酒和朋友是老的好
열길 물속은 알아도 한길 사람속은 모른다	知人之面不知心
아니 땐 굴뚝에 연기날까	无火不生烟, 无风不起浪

약보보다 식보가 낫다	药补不如食补
염불에는 마음없고 젯밥에만 마음있다	项庄舞剑, 意在沛公
염소 잃고 외양간 고친다	亡羊补牢
옷이 날개다	人是衣裳, 马是鞍
외나무 다리에서 원수 만난다	冤家路窄
우물 안 개구리	井底之蛙
우물에 가서 숭늉 찾는다	说着风便扯篷
울며 겨자먹기	恨病吃苦药
원수는 은덕으로 갚으랬다	以德报怨
음지가 양지가 되고 양지가 음지 된다	三十年河东, 三十年河西
잉어가 뛰니까 망둥이도 뛴다	一犬吠形, 百犬吠声
얕은 내도 깊게 건너라	饭莫不嚼便吞, 话莫不想就说
자는 벌집 건드린다	撩蜂剔蝎
자식을 길러 봐야 부모 사랑 안다	养子才知父母恩
잔솔밭에서 바늘 찾기	大海捞针
정성이 지극하면 돌위에도 풀이 나다	精诚所至, 金石开花
제비는 작아도 강남을 간다	秤砣虽小压千斤, 人小胆大
종로에서 뺨 맞고 한강가서 눈 흘긴다	扬树上开刀, 柳树上生气
죄는 막동이가 짓고 벼락은 샌님이 맞는다	黑猫偷吃, 白猫替灾
중매는 잘 하면 술이 석잔이요, 못하면 뺨이 세 개라	媒人做好, 两边有吃, 做不好, 两边受逼
쥐구멍에도 별들 날이 있다	困龙也有上天时
집태우고 못줍기	大处不算, 小处大算
쪽박 빌려주니 쌀 꿔 달란다	得寸进尺
찬물도 위아래가 있다	长幼有序
참새가 작아도 알만 잘 깐다	麻雀虽小, 五脏俱全
첫 술에 배부르랴	一口吃不成个胖子
초년고생은 돈 주고 산다	少年吃苦银买来
초록은 동색	物以类聚
초상난 데 춤추기	幸灾乐祸
칼로 물베기	抽刀断水水自流

콩 볶아 먹다가 가마 솥 깨뜨린다	贪小失大，得不偿失
콩 심은 데 콩 나고 팥 심은 데 팥 난다	种豆得豆，种瓜得瓜
큰 그릇은 더디 이루어진다	大器晚成
큰 방죽도 개미 구멍으로 무너진다	千里之堤，溃于蚁穴
태산을 넘면 평지를 본다	苦尽甘来
털을 뽑아 신을 삼겠다	结草报恩
파리 죽듯하다	一触即溃
팔이 안으로 굽지 밖으로 굽나	举手朝外打，胳膊朝里弯
팥이 풀어져도 솥 안에 있다	肉烂在汤锅里
평안 감사도 저 싫으면 그만	老牛不喝水，不能强按头
하나를 보고 열을 안다	举一反三
하늘이 무너져도 솟아날 구멍이 있다	天无绝人之路
하룻밤을 자도 만리장성을 쌓는다	住一夜筑万里城
하룻강아지 범 무서운 줄 모른다	初生牛犊不怕虎
한번 실수는 병가의 상사	胜败乃兵家常事
한편 말만 듣고 송사 못한다	一头讼词九成奸
헌 짚신도 짝이 있다	破鞋配破袜，豆腐把醋搭
호랑이 굴에 가야 호랑이를 잡는다:	不入虎穴，焉得虎子
호랑이도 제 말하면 온다	说曹操，曹操到
호박씨 까서 한 입에 털어 넣는다	百日砍柴，一日烧
혹 떼러 갔다가 혹 붙여 온다	打不成狐狸，惹一身臊
뒤로 넘어져도 코가 깨진다	人要是一倒霉，喝凉水也塞牙
돌다리도 두드려 보고 건너라	小心没错
등잔 밑이 어둡다	灯下黑
금강산도 식후경	观光美景也是饭后的事情，万事食为先
형만한 아우 없다	弟弟再好不及其哥
발 없는 말이 천리 간다	消息传得快
말 한마디 천냥 빚 갚는다	一言九鼎
낮말은 새가 듣고 밤말은 쥐가 듣는다	隔墙有耳
말이란 '아' 다르고 '어' 다르다.	比喻说话要谨慎

부록

주요 어휘 모음

- 동사 반의어 모음 (动词反义词)
- 동사 유의어 모음 (动词近义词)
- 비슷한 단어 비교 모음 (近义词比较)

1　동사 반의어 모음 (动词反义词)

가입(加入) - 탈퇴(退出)　　간섭하다(干涉) - 방관하다(旁观)

감사하다(感谢) - 원망하다(埋怨)　　감소하다(减少) - 증가하다(增加)

감원하다(减员) - 증원하다(增员)　　개막하다(开幕) - 폐막하다(闭幕)

개방하다(开放) - 폐쇄하다(封闭)　　개점하다(开店) - 폐점하다(闭店)

개회하다(开会) - 폐회하다(闭会)　　거절하다(拒绝) - 승낙하다(承诺)

건설하다(建设) - 파괴하다(破坏)　　결근하다(缺勤) - 출근하다(出勤)

결렬하다(决裂) - 합의하다(合好)　　결석하다(缺席) - 출석하다(出席)

경시하다(轻视) - 중시하다(重视)　　계속하다(继续) - 중단하다(中断)

공격하다(攻击) - 수비하다(守备)　　공급하다(供给) - 수요하다(需求)

구별하다(区别) - 혼동하다(混淆)　　권유하다(劝诱) - 만류하다(挽留)

금지하다(禁止) - 해제하다(解除)　　급행하다(急行) - 완행하다(缓行)

긍정하다(肯定) - 부정하다(否定)　　기억하다(记忆) - 망각하다(忘却)

낙심하다(灰心) - 분발하다(奋发)　　낭비하다(浪费) - 절약하다(节约)

단결하다(团结) - 분열하다(分裂)　　단속하다(限制) - 방임하다(放任)

단축하다(缩短) - 연장하다(延长)　　달성하다(达到) - 미달하다(未达到)

대답하다(回答) - 질문하다(提问)　　대항하다(对抗) - 복종하다(服从)

도달하다(抵达) - 미달하다(未抵达)　　도망하다(逃亡) - 추적하다(追击)

도와주다(帮助) - 훼방하다(妨碍)　　도착하다(到达) - 출발하다(出发)

동의하다(同意) - 반대하다(反对)　　등장하다(登场) - 퇴장하다(退场)

마중하다(接) - 배웅하다(送)　　멸시하다(蔑视) - 우대하다(优待)

명령하다(命令) - 복종하다(服从)　　무시하다(轻视) - 중시하다(重视)

물어보다(提问) - 해답하다(解答)　　미워하다(恨) - 사랑하다(爱)

믿다(信任) - 의심하다(怀疑)　　반대하다(反对) - 찬성하다(赞成)

발신하다(发信) - 수신하다(收信)　　발전하다(发展) - 퇴보하다(退步)

방랑하다(流浪) - 정착하다(定居)　　방비하다(防守) - 공격하다(攻击)

방송하다(广播) - 청취하다(听取)	방심하다(大意) - 조심하다(小心)
방임하다(放任) - 감시하다(监视)	방해하다(妨碍) - 협조하다(协助)
배척하다(排斥) - 수용하다(收容)	번영하다(繁荣) - 쇠퇴하다(衰退)
번화하다(繁华) - 초라하다(寒酸)	보호하다(保护) - 박해하다(迫害)
복습하다(復习) - 예습하다(预习)	복종하다(服从) - 반항하다(反抗)
부인하다(否认) - 시인하다(承认)	부정하다(否定) - 긍정하다(肯定)
분열하다(分裂) - 통일하다(统一)	사랑하다(爱) - 미워하다(恨)
사망하다(死亡) - 출생하다(出生)	상상하다(想象) - 확신하다(确信)
상승하다(上升) - 하강하다(下降)	생산하다(生产) - 소비하다(消费)
성공하다(成功) - 실패하다(失败)	성장하다(成长) - 쇠퇴하다(衰退)
성취하다(成就) - 실패하다(失败)	송신하다(发信) - 수신하다(收信)
수축하다(收缩) - 팽창하다(膨胀)	수집하다(收集) - 배부하다(分发)
숭배하다(崇拜) - 경멸하다(轻蔑)	습격하다(袭击) - 방비하다(防备)
승낙(答应) - 거절(拒绝)	승리하다(胜利) - 패배하다(失败)
승전(胜战) - 패전(败战)	승차하다(乘車) - 하차하다(下車)
시상(发奖) - 처벌(处罚)	시행하다(施行) - 폐지하다(废止)
실망하다(失望) - 희망하다(希望)	실시하다(实施) - 폐지하다(废止)
실업하다(失业) - 취업하다(就业)	압박하다(压迫) - 해방하다(解放)
엄금하다(严禁) - 권장하다(鼓励)	염려하다(担心) - 안심하다(安心)
요구하다(要求) - 제공하다(提供)	우대하다(优待) - 천대하다(欺辱)
원조하다(援助) - 방해하다(妨碍)	의심하다(疑心) - 확신하다(确信)
이동하다(移动) - 고정하다(固定)	이륙하다(离陆) - 착륙하다(着陆)
이해하다(理解) - 오해하다(误会)	임명하다(任命) - 파면하다(免职)
입선하다(当选) - 낙선하다(落选)	입학하다(入学) - 졸업하다(毕业)
작별하다(辞别) - 상봉하다(相逢)	저주하다(诅咒) - 축복하다(祝福)
저축하다(储蓄) - 낭비하다(浪费)	전송하다(送行) - 마중하다(迎接)
정리하다(整理) - 진행하다(进行)	제한하다(限制) - 무제한하다(无限制)
존경하다(尊敬) - 멸시하다(蔑视)	존중하다(尊重) - 경멸하다(轻视)
준비하다(准备) - 마무리하다(结束)	증가하다(增加) - 감소하다(减少)
지휘하다(指挥) - 복종하다(服从)	진보하다(进步) - 퇴보하다(退步)

진행하다(进行) - 중지하다(终止)	착공하다(开工) - 완공하다(完工)
참가하다(参加) - 불참하다(缺席)	참여하다(参与) - 이탈하다(脱离)
창간하다(创刊) - 폐간하다(停刊)	창조하다(创造) - 모방하다(模仿)
채비하다(已备) - 미비하다(未备)	축하하다(祝贺) - 애도하다(哀悼)
출국하다(出国) - 입국하다(入国)	충성하다(忠诚) - 반역하다(叛逆)
침식하다(侵蚀) - 퇴적하다(沉积)	칭찬하다(称赞) - 꾸중하다(责备)
퇴근하다(下班) - 출근하다(上班)	퇴출하다(退出) - 가입하다(加入)
퇴화하다(退化) - 진화하다(进化)	퇴장하다(出场) - 입장하다(入场)
파괴하다(破坏) - 건설하다(建设)	파멸하다(破灭) - 번영하다(繁荣)
하강하다(下降) - 상승하다(上升)	하교하다(放学) - 등교하다(上学)
하차하다(下车) - 승차하다(乘车)	합격하다(合格) - 낙방하다(落榜)
항거하다(抗拒) - 굴복하다(屈服)	향상하다(提高) - 퇴보하다(退步)
허락하다(许可) - 거절하다(拒绝)	확장하다(扩张) - 축소하다(缩小)
환영하다(欢迎) - 환송하다(欢送)	활동하다(活动) - 정지하다(停止)
후퇴하다(后退) - 전진하다(前进)	희망하다(希望) - 좌절하다(挫折)

2　동사 유의어 모음 (动词近义词)

감동하다(感动) - 감격하다(感激)	개방하다(开放) - 공개하다(公开)
거역하다(抗拒) - 항거하다(抗拒)	거절하다(拒绝) - 거부하다(抵制)
건설하다(建设) - 건립하다(建立)	검사하다(检查) - 조사하다(调查)
검토하다(检讨) - 검사하다(检查)	구분하다(区分) - 구별하다(区别)
극찬하다(特別讚扬) - 절찬하다(特別称讚)	기부하다(助) - 기증하다(赠)
기획하다(规划) - 계획하다(计划)	당부하다(吩咐) - 부탁하다(托咐)
대우하다(接待) - 대접하다(招待)	도주하다(逃走) - 도망하다(逃亡)
도착하다(抵达) - 도달하다(到达)	독려하다(鼓励) - 격려하다(激励)
독촉하다(督促) - 재촉하다(催促)	멸망하다(灭亡) - 파멸하다(破灭)
멸시하다(蔑视) - 무시하다(无视)	방해하다(防害) - 방애하다(妨碍)
배웅하다(送行) - 전송하다(送行)	변천하다(变迁) - 변화하다(变化)
보상하다(补偿) - 변상하다(赔偿)	보존하다(保存) - 보전하다(保存)
복구하다(復辟) - 회복하다(恢復)	사고하다(思考) - 생각하다(想)
사용하다(使用) - 이용하다(利用)	산책하다(悠闲散步) - 산보하다(散步)
상상하다(想象) - 추측하다(推测)	상의하다(商议) - 의논하다(议论)
상쾌하다(爽快) - 유쾌하다(愉快)	생활하다(生活) - 살림하다(生计)
성취하다(成就) - 달성하다(达成)	소동하다(骚动) - 소란하다(骚乱)
소모하다(消耗) - 소비하다(消费)	순종하다(顺从) - 복종하다(服从)
승낙하다(允许) - 허락하다(许可)	시작하다(开始) - 개시하다(开始)
실패하다(失败) - 패배하다(失败)	실행하다(实行) - 실천하다(实践)
안내하다(向导) - 인도하다(引导)	애원하다(哀求) - 간청하다(恳求)
약속하다(诺言) - 약조하다(约定)	억압하다(压抑) - 강압하다(强压)
역설하다(强调) - 강조하다(强调)	연습하다(练习) - 연마하다(钻研)
열망하다(热切希望) - 갈망하다(渴望)	응답하다(应答) - 대답하다(对答)
의혹하다(疑惑) - 의심하다(疑心)	작별하다(辞別) - 이별하다(离別)
재건하다(重建) - 부흥하다(復兴)	정리하다(整理) - 정돈하다(整顿)

존경하다(尊敬) - 숭배하다(崇拜)　　　준비하다(准备) - 마련하다(预备)

지시하다(指示) - 명령하다(命令)　　　진열하다(陈列) - 나열하다(羅列)

참견하다(干预) - 간섭하다(干涉)　　　참고하다(参考) - 참조하다(参照)

참살하다(残杀) - 학살하다(屠杀)　　　채비하다(准备) - 준비하다(准备)

책망하다(责备) - 꾸중하다(喝斥)　　　처리하다(处理) - 처치하다(处治)

천시하다(鄙视) - 멸시하다(蔑视)　　　체험하다(体验) - 경험하다(经验)

초대하다(招待) - 초청하다(邀请)　　　침략하다(侵略) - 침범하다(侵犯)

칭찬하다(称赞) - 칭송하다(称颂)　　　탐구하다(探求) - 연구하다(研究)

토론하다(讨论) - 토의하다(商讨)　　　통일하다(统一) - 통합하다(合并)

통탄하다(恸叹) - 한탄하다(叹息)　　　파손하다(破损) - 파괴하다(破坏)

표시하다(表示) - 표현하다(表现)　　　학대하다(虐待) - 구박하다(压迫)

한정하다(限定) - 제한하다(限制)　　　함락하다(攻陷) - 점령하다(占领)

합병하다(合并) - 합방하다(合邦)　　　항거하다(抗拒) - 대항하다(对抗)

해체하다(解体) - 해산하다(解散)　　　행동하다(行动) - 행위하다(行为)

혁신하다(革新) - 개혁하다(改革)　　　협력하다(合力) - 협동하다(协力)

환국하다(回国) - 귀국하다(归国)　　　환영하다(欢迎) - 환대하다(款待)

회고하다(回顾) - 회상하다(回想)　　　획득하다(获得) - 수확하다(收获)

후회하다(后悔) - 뉘우치다(认错)　　　훈련하다(训练) - 단련하다(锻炼)

1. 가꾸다 / 꾸미다

1.1. 가꾸다: 突出原本具有的特性或使其更加完善。与"꾸미다"相比, 自然性和原本属性的意义更浓。

1.2. 꾸미다: 更注重给原本的特性舔加新的意义, 或者改变其形态, 功能编制出新的事物, 或者直接造出新事物, 而不注重对原本意义的加强。人为性和作为性更浓于自然性和本属性。

例: (1) 너도 얼굴을 잘 가꾸면 미인이 된다.

　　(2) 잔디를 잘 가꾸어 아름다운 정원을 만들었다.

　　　　잔디를 잘 *꾸미어 아름다운 정원을 만들었다.

　　(3) 사랑방을 신방으로 꾸몄다.

　　　　사랑방을 신방으로 가꾸었다.

　　(4) 그는 없는 이야기를 꾸며내서/

　　　　그는 없는 이야기를 *가꾸어 내서 사람들을 속이려 들었다.

2. 가끔 / 때때로

2.1. 가끔: 发生的行为时间间隔不规则, 且比较长, 与"때때로"相比频率低。

2.2. "때때로"与"가끔, 때로"相比频率高　且比较规则。

例: (1) 잘 하던 이도 가끔 실수를 하는 일이 있다.

　　　　잘 하던 이도 때때로 실수를 하는 일이 있다.

　　(2) 사막에도 가끔 비가 온다.

　　　　사막에도 *때때로 비가 온다.

3. 가난 / 빈곤

3.1. 가난: 主要用在物?缺乏的状态。与形容词"가난하다"情况相同。如果说"가난한 마음", 是指没有物欲的心态。

3.2. 빈곤: 不仅指物资方面的贫乏, 也指其他方面的缺乏状态。

例: (1) 가난한 마음

    *빈곤 마음.

(2) 상상력이 빈곤한 사람.

    *가난한 사람.

4. 가령 / 쯤

4.1. 가령: 表示大概的數或量。如果前面是普通名词, 必须有修饰它的數冠词, 不能与 "여러, 많은"搭配。

4.2. 쯤: 即表示大概的數量, 也附在表示场所词后面, 表示其附近, 也可以附在指示词之后表示程度。

例: (1) 서른 살 가량/쯤 되는 부인이 나를 찾아 왔다.

(2) 이 의자는 어디 쯤 놓는 것이 좋겠는가?

    이 의자는 어디 *가량 놓는 것이 좋겠는가?

(3) 이 이야기는 그쯤 해 두자.

    *그 가량 해 두자.

5. 가령 / 만약

5.1. 가령: 其基本意义是"例如""打个比方"等具体的预示, 后面的词句具有让步, 条件意义。

5.2. 만약: 不是以预示为目的, 而是为了展示其结果, 假设某种事实。

例: (1) 가령/만약 노래를 부른다면 무슨 노래를 부르겠어요?

(2) 네가 사람을 찾는다면, 가령 나는 어떠냐?

    네가 사람을 찾는다면 *만약 나는 어떠냐?

(3) 가령 철수가 오더라도 그 일은 해결하지 못할 것이다.

    *만약 철수가 오더라도, 그 일은 해결하지 못할 것이다.

6. 가장 / 제일

6.1. 가장: 最基本的副词, 表示某种属性, 某种状态的程度, 或者时间或空间的位置在三个以上的对象中占第一位, 或者占上流。与 "제일"相比, 更为书面化。除此之外, 它不能置于"이다"前, 这一点与"제일"不同。

6.2. 제일: 原来是汉字词的序數词, 常用作副词。固有词中的序數词 "첫째"却不能 做副词。与"가장"的区别在于可以用在"이다"之 前, 词本身带有口语色彩。

例: (1) 나는 가장/제일 행복한 사람이다.

(2) 우리 선수가 가장/제일 빨리 달린다.

(3) 우리 중에서 네가 제일/가장 부자이다.

(4) 뭐니뭐니해도 건강이 제일(가장*)이다.

7. 가지 / 종류

7.1. 가지: 可以用作"가지가지"的叠语方式。如果不以"가짓수, 옷가 지"的方式使用, 前面必须有数量冠词, 不能与"많은"搭配, 是指 數种类或指不同种类。

7.2. 종류: 是指按一定的基准把某些事物、概念或者把某种生物、 非生物进行分类, 不是必须和表示數概念的词相搭配。

例: (1) 종류가 많다.

　　 *가지가 많다.

(2) 사과에도 홍옥, 부사 등 많은 종류가 있다.

　　 사과에도 홍옥, 부사 등 많은 *가지가 있다.

(3) 그 일에 대해서는 나도 한가지 질문이 있습니다.

　　 그 일에 대해서는 나도 한*종류 질문이 있습니다.

8. 감추다 / 숨기다

8.1. 감추다: 主要指藏匿东西, 使其无痕迹。不让别人找到。前提 是必须得有人要寻找这个东西, 藏匿是一种对他的防范措施。 很少用于人, 对人使用时带点视人为物的色彩。

8.2. 숨기다: 不仅指藏匿物, 还可指藏匿人。例如, 把犯人藏起来, 这 种时候其隐匿性 比"감추다"更为彻底, 也无需必须有要寻找的 人。

例: (1) 할머니가 꾸준히 저축한 돈을 은행에 숨겨 놓았다.

　　 할머니가 꾸준히 저축한 돈을 은행에*감춰 놓았다.

(2) 나무꾼이 사냥꾼에게 쫓기는 사슴을 숨겨 놓았다.

　　*나무꾼이 사냥꾼에게 쫓기는 사슴을 감춰 놓았다.

(3) 누님이 도망자를 집에 숨겼다.

　　누님이 도망자를 집에 *감추었다.

9. 갑자기 / 문득

9.1. 갑자기: 某种事情发生得出乎意料, 有时在时间上也很短暂, 其发生的范围也可以是主观上的, 也可以是客观上的。在指思维的时候, 可用于想不起来的情况, 也可以用于遗忘了的时候。

9.2. 문득: 主要指人的头脑里忽然浮现出与前后思维无关联的事情或者对象, 意念, 欲望等, 只用在主观的范畴。

例: (1) 갑자기/문득 이상한 생각이 들었다.

(2) 계곡에 갑자기 물이 불었다.

　　계곡에 *문득 물이 불었다.

(3) 어떤 생각이 갑자기 떠올랐다.

　　*문득 짓궂은 질문을 하였다.

(4) 갑자기 그의 이름이 생각나지 않았다.

　　*문득 그의 이름이 생각나지 않았다.

10. 값 / 가격

10.1. 값: 收受东西、借贷东西或者工作的代价的额度。这额度取决于东西或工作的价值, 所以它具有"价值"的意义, 并非只用于要出售的东西上。

10.2. 가격: 买某种商品需支付的钱的额度。必须使用在以出售为目的的东西或工作上, 因此, 不能使用在非特定商品的一般物品上。用于工作时必须是用在特别商品化和规格化的工作上。常指商品所具有的抽象的钱的额度, 所以与具体授收钱的行为不常连用。"가격"一词的使用常给人一种经济活动或者买卖人的感觉。

例: (1) 이 물건은 주인이 값을 올렸다.

(2) 물건 값이 비싸다.

물건 *가격이 비싸다.

(3) 땅 값이 비싸다.

땅*가격이 비싸다.

(4) 덩치 값을 해라.

덩치*가격을 해라.

(5) 값을 내다/치르다.

(6) *가격을 내다.

*가격을 치르다.

11. 갚다 / 물다

11.1. 갚다: 指支付相当价值的金钱或作出相当价值的行为, 对别人给的东西或实施的恩惠予以偿还。

11.2. 물다: 通过使受损之物恢復原状或支付与之相当的金钱的方式, 对自己给别人造成的损害或为对自己的失误予以赔偿。

例: (1) 오늘 비로소 몇 달식이나 밀린 외상 값을 갚았다.

오늘 비로소 몇 달씩이나 밀린 외상 값을 *물었다.

(2) 자식이 부모의 은혜를 갚다.

자식이 부모의 은혜를 *물다.

(3) 아들이 유리창을 깨뜨려서 값을 물어 주었다.

아들이 유리창을 깨뜨려서 값을 갚아주었다.

(4) 교통법규를 지키지 않아 벌금을 물다.

교통법규를 지키지 않아 벌금을 *갚다.

12. 견디다 / 참다

12.1. 견디다: 人抵制外界物理性的磨练, 痛苦, 压力, 不被制服。也包含强忍身体上的痛苦的意思。不包含人对自己某种生理或心理状态的强忍。忍的过程持续一段时间。

12.2. 참다: 不表露自己所承受的物理的, 心理的或生理的刺激。不表露自己的心理状态也属于这个范围。这里不需要时间的持续。

例: (1) 보통 사람은 참기 어려운/ 견디기 어려운 고통(어려움, 모욕, 수모, 굴욕)

(2) 딸 아이가 웃음을 참는다.

딸 아이가 웃음을 *견딘다.

(3) 동생이 영화관에 가고 싶은 것을 참는다.

동생이 영화관에 가고 싶은 것을 *견딘다.

---

13. 고맙다 / 감사하다

13.1. 고맙다: 词性为形容词, 用法主要倾向于对给予具体的帮助或办了具体的事情的个人。常用于口语。

13.2. 감사하다: 词性为动词。用法主要倾向于对抽象的事情, 对团体或对公众。当以 "감사합니다"的方式使用时, 表示处于感激的状态, 带有形容词的特点。

例: (1) 결혼식에 이렇게 많이 와주셔서 고맙습니다/고맙습니다.

(2) 그 짐을 들고 여기까지 온 학생이 고맙다.

그 짐을 들고 여기까지 온 학생이 *감사하다.

(3) 나에게 큰 도음을 주신 고마운 분이 오셨다.

나에게 큰 도움을 주신 *감사한 분이 오셨다.

(4) 남에게 고마운 일을 해야 복을 받는다.

남에게 *감사한 일을 해야 복을 받는다.

(5) 부모의 은혜에 감사하는 마음을 가져야 한다.

부모의 은혜에 고마운 마음을 가져야 한다.

---

14. 곱다 / 아름답다

14.1. 곱다: 基本的意义是指某种物质细、小、小巧玲珑。因此, 即使某物质美丽, 但如果是曲折深重的则不属于这个词的修饰范畴。指行动时, 即使动作很美丽, 但如果是幅度大、消耗体力大, 则也不包含在"곱다"的范围内。可用于视觉、听觉和触觉的对象。 非男性词。

14.2. 아름답다: 视觉或听觉的对象处于给人以良好感觉的状态。部分的粗线条或粗旷只要不影响其整体的协调和均衡也可视为"아름답다"。不用于触觉对象, 其对象为自然或艺術时不含女

性意义, 对象为人时带有女人的感觉。

例: (1) 가루가 곱다.

　　　가루가 *아름답다.

　　(2) 친구들 사이의 아름다운 우정

　　　친구들 사이의 *고운 우정

　　(3) 어머님의 손은 아직도 살결이 곱다.

　　　어머님의 손은 아직도 살결이 *아름답다.

15. 기르다 / 키우다

15.1. 기르다: 与自然地成长有关的养育或栽培。

15.2. 키우다: 以使对象变得更大为目的的活动。可用于与自然的成
　　　长无关的行为。

例: (1) 과장댁은 딸 셋을 길러서/키워서 모두 출가를 시켰다.

　　(2) 우리 선생님은 몇 번 이사를 다니는 동안 작은 집을 키워서
　　　이제는 제법 큰 집을 마련하였다.

　　　우리 선생님은 몇 번 이사를 다니는 동안 작은 집을 *길러서
　　　이제는 제법 큰 집을 마련하였다.

　　(3) 요즈음 학생들은 머리를 기른다.

　　　요즈음 학생들은 머리를 키운다.

16. 기쁘다 / 즐겁다

16.1. 기쁘다: 所期盼的事情成功带来的愉悦。主要指心理反映。叙
　　　述某一事情时常用第一人称叙述心理状态, 用于第二人称时,
　　　常是询问心理状态, 但当以自己的感觉推测别人的心理时, 也
　　　可以用其他人称。

16.2. 즐겁다: 与活动或运动直接或间接地有关, 给身体带来愉悦的
　　　感觉。比起判断,　更注重体验。人称方面的约束比"기쁘다"
　　　宽松得多。

例: (1) 나는 가출한 동생이 집에 돌아 온 것이 기쁘다.

　　　나는 가출한 동생이 집에 돌아 온 것이 *즐겁다.

(2) 이 그림을 보고 있으면 눈이 즐겁다.

이 그림을 보고 있으면 눈이 *기쁘다.

(3) 아이들이 운동장에서 즐겁게 뛰어 논다.

아니들이 운동장에서 *기쁘게 뛰어 논다.

17. 깎다 / 베다

17.1. 깎다: 用刀或类似刀的东西从比较大且硬的东西上剥离一小部分。所使用的工具必须得有刃，但即使不是类似刀的东西也可以使用。包含多次重復同样的动作的意思。

17.2. 베다: 用刀对柔而软的物体做出伤痕或剥离一部分。工具必须使用刀或者类似刀的东西。与"깎다"相比，不一定必须剥离一部分，也不一定必须多次重 復同样的动作。

例: (1) 수염을 깎다가 턱을 베었다.

수염을 베다가 턱을 *깎았다.

(2) 줄로 쇠를 깎다.

줄로 쇠를 *베었다.

(3) 식칼로 고기를 썰다가 손가락을 베었다.

식칼로 고기를 썰다가 손가락을 *깎았다

(4) 돌을 깎아 계단을 만들었다.

돌을 *베어 계단을 만들었다.

18. 꾸다 / 빌리다

18.1. 꾸다: 以日后偿还为前提, 跟别人或别外拿或者接受钱、粮或者别的东西。一般 是消耗品或者是很难按原样归还的东西。

18.2. 빌리다: 表示"借"的意义时, 常指以日后偿还为前提, 从别人处或者从别处拿来钱或物临时使用， 或者临时使用某一场所。基本上能夠原物归还。不能原物偿还的情况很少使用。

例: (1) 아내가 이웃 집에서 돈을 꾸어/ 빌려 왔다.

(2) 어머니가 쌀을 꾸어다가 밥을 짓는다.

어머니가 쌀을 *빌려다가 밥을 짓는다.

(3) 형이 동생에게 책을 빌려 주었다.

형이 동생에게 책을 *꾸어주었다.

(4) 담배 하나 꾸자.

담배 하나 (?)빌리자.

(5) 담배 불 좀 빌립시다.

담배 불 좀 *꿉시다.

19. 다시 / 또

19.1. 다시: 在做完某一件事情或在做某一件事情的?程中, 又回到原来起点的状态。这里包含事情办错, 又重头再来。焦点在于行为或状态的主体进行与以前一样或者类似的行动, 其目的往往是纠正错误, 确认彻底终结事情的未尽之处。"사원이 다시 왔다"之意可理解为上一次是上司来过, 而这一次是"职员"来了, 即使在这种情景下也暗含要解决某一未尽事宜之意。

19.2. 또: 某种事情、行动、状态重回到原来的或者类似原来的状态, 其焦点在于事件的发生, 而不在主体的行为的重復。纠正错误、解决未尽事宜的意义在这里不明。不可用在中断的状态回到先前状态的情况。

例: (1) 태양은 내일도 다시/ 또 뜬다.

(2) 조업이 중단되었던 공장이 다시 돌아간다.

조업이 중단되었던 공장이 *또 돌아간다.

(3) 다시는 너를 보지 않겠다.

*또는 너를 보지 않겠다.

(4) 다시 말하면 그는 우리의 적이다.

* 또 말하면 그는 우리의 적이다.

(5) 화를 잘 내는 형은 오늘도 또 화가 나 있다.

화를 잘 내는 형은 오늘도 *다시 화가 나 있다.

(6) 점심을 먹은 지가 얼마 안되는데 또 배가 고프다.

점심을 먹은 지가 얼마 안되는데 *다시 배고프다.

(7) 억울한 일도 참고 또 참아라.

억울한 일도 참고 *다시 참아라.

20.　매우 / 아주

20.1. 매우: 用在形容词、冠词以及其他副词前面, 表示其程度超过限度。有时也可以用在动词前面, 这时所表示的意义和"몹시"相近。

20.2. 아주: 用在表示状态、程度的形容词或冠词前面, 有时也用在其他的副词或动词前面, 表示的意义程度远超过"매우", 如果动词不具备程度意义, 则表示其行动已经完全结束。

例: (1) 학생이 매우/아주 열심히 공부한다.

(2) 형이 사람을 매우 괴롭힌다.

(3) 나는 그 여자를 매우/아주 사랑한다.

(4) 아이를 매우 때렸다.

　　아이를 *아주 때렸다.

(5) 시계를 친구에게 아주 주었다

　　시계를 친구에게 *매우 주었다.

(6) 그 사람은 이제 아주 갔다.

　　그 사람은 이제 *매우 갔다.

21.　무섭다 / 두렵다 / 겁나다

21.1. 무섭다: 对象本身具有的特征给人以恐怖感, 或无法知晓其真面目而感恐惧。

21.2. 두렵다: 其焦点放在感到恐怖的心态, 而不是对象本身所具有的特征。正因　如此, 它常具有"걱정되다、걱정스럽다"的意义。与"무섭다" 不同, 不具有程度之大的意义。

21.3. 겁나다: 其結構和"겁이 나다"一样。主要指当处在某种具体状况时, 联系到自己要做的事情而感到不安。如果其对象不是事情, 或者, 即使是事情, 但并非具体事情时, 则很少使用。"겁나다"多使用在儿童, 多少带有优雅的心理表现特点。接词尾"게"表示其移动的速度快。

例: (1) 혼자 있는 것이 두렵다/무섭다.

(2) 무서운 비명소리

　　*두려운 비명소리

(3) 무서운 고통을 이겨냈다.

   *두려운 고통을 이겨냈다.

(4) 자동차가 무섭게 빨리 달린다.

   자동차가 *두렵게 빨리 달린다.

(5) 나는 형이 *겁난다.

(6) 나는 우주의 영원한 침묵이 두렵다.

   나는 우주의 영원한 침묵이 (?)무섭다.

22. 배우다 / 공부하다　　22.1. 배우다: 基本意义为受别人教晦从不知、不会到知晓、会做。
　　　　　　　　　　　　　　泛用于精神和身体方面技能。

　　　　　　　　　　　22.2. 공부하다: 通过别人的教?母或者通过读书学会未知的东西或
　　　　　　　　　　　　　　巩固已学过的知识，多用于知识，学问，很少用于身?地技
　　　　　　　　　　　　　　能、习惯。

例: (1) 수학을 배우다/공부하다

   (2) 술을 배우다.

      술을 *공부하다

   (3) 배 안에서 배운 버릇.

      배 안에서 공부한 버릇.

23. 벌써 / 이미　　　23.1. 벌써: 某事发生在说话人, 或听话人预料的时间之前。对双方
　　　　　　　　　　　　　　来说事情的发生都出乎意料之外, 但并没有对事情持否定态度。

　　　　　　　　　　　23.2. 이미: 以一定的时间为基准, 表示事情?生在基准之前, 且对此
　　　　　　　　　　　　　　已经无可奈何。并不具有某事是意料之外的意思。

例: (1) 아버님께서는 벌써/이미 와 계신다.

   (2) 많은 사람들이 벌써/이미 집으로 돌아갔다.

   (3) 이미 그는 어린이가 아니다.

      벌써 그는 어린이가 아니다.

   (4) 그것은 이미 엎질러진 물이다.

      그것은 *벌써 엎질러진 물이다.

24. 부끄럽다 / 수줍다   24.1. 부끄럽다: 难以向他人自豪地或随意地表露, 也指因做错或做
坏事而无法抬头。

24.2. 수줍다: 常指因没有勇气不敢堂堂地站到人前, 不指因做坏事
无法抬头或难以见人。常常是说话人谈及别人时使用, 不能
用在说话人自己。

例: (1) 너는 무엇이 그리 부끄러우냐?

너는 무엇이 그리 *수줍으냐?

(2) 나는 그런 일을 하는 것이 부끄럽다.

나는 그런 일을 하는 것이 *수줍다.

(3) 시골 처녀의 수줍은 표정

시골 처녀의 *부끄러운 표정

25. 적다 / 쓰다   25.1. 적다: 把脑子里的记号或意思用一定的方式显示出来。含有表
现思想或感觉的意义。焦点在于口表现口, 而不在于目的。

25.2. 쓰다: 以自己以后做参考或给别人看为目的, 把有一定内容的
话语、文字转移到纸上。很少具有单纯表现的意义。

例: (1) 연설문을 쓰다/적다.

(2) 시인이 소설을 쓴다.

시인이 소설을 적는다.

(3) 주번이 학생이 명찰을 안단 학생의 이름을 적는다.

주번이 학생이 명찰을 안단 학생의 이름을 (?)쓴다.

26. 아름답다 / 예쁘다   26.1. 아름답다: 对象正处在给人视觉和听觉上良好感觉的状态。可
以用在感人的场面。其对象为自然和艺术的范畴时, 不给人
以女性化的感觉, 但用于人时, 多用于女性。

26.2. 예쁘다: 视觉的对象给人以良好的感受。很少用在艺术的对
象, 常用于形容人体的某部分, 或者其动态, 以及手工制作的
小巧玲珑的物品。与"아름답다"相比, 被叙述的对象女性形象
更浓。

例: (1) 소녀의 아름다운/예쁜 얼굴

(2) 음악이 아름답다.

음악이 *예쁘다.

(3) 그 화가의 그림이 아름답다.

그 화가의 그림이 (?)예쁘다.

(4) 아름다운 광경에 눈시울이 뜨거워 졌다.

*예쁜 광경에 눈시울이 뜨거워 졌다.

(5) 예쁜 카메라를 사 왔다.

(?)아름다운 카메라를 사 왔다.

27. 아직 / 여태

27.1. 아직: 对某种事情或状态的时间上的期待, 但时间还没有到的状态。可以说"동생이 아직 안 왔다.", 但不能说: "동생이 여태 안 왔다.", 因满足不了"아직"所需的必要的条件。

27.2. 여태: 用在虽然认为某种事情或状态的时间已到, 或者应该到了, 但事实上并未到的状态。与"아직" 一样不能说"동생이 여태 왔다.", 因为"여태" 所需的对现在状态的条件不充分。很少用在所叙对象现状良好的时候。

例: (1) 회장이 아직 안왔다.

(2) 그는 아직 어리다.

그는 * 여태 어리다.

(3) 할아버지는 아직 정정하시다.

할아버지는 *여태 정정하시다.

28. 차례 / 순서

28.1. 차례: 其基本意义为在时间和空间上在某一对象之后存在另一个对象的关系。表示那种关系的全体的铺开, 某一对象在在全体中所占得位置。其重点放在个别的关系上, 所以, 有时也指轮到了一分为好几份的轮流。

28.2. 순서: 其基本意义为把诸多的对象按一定的邏辑关系铺开。其中点方在全体的关系上, 而不是在个别的关系上。也可以指一分为几份的一份。

例: (1) 차례/ 순서를 기다린다.

　　(2) 그 일은 나에게까지 차례가 오지 않는다.

　　　그 일은 나에게까지 (?)순서가 오지 않는다.

　　(3) 형사(刑事)가 집을 몇 차례 방문하엿다.

　　　형사가 그집을 몇 순서 방문하였다.

29. 캐다 / 파다

29.1. 캐다: 其基本意义为拔开上面覆盖的土或者周边的土, 或者把以自然状态埋在地底下的东西拿出。不用于人为埋葬的东西。有时用在盘问隐匿的事情或行动的理由。

29.2. 파다: 指取出地或者硬物体的某一部分, 使该部分出现凹陷。该词不包含把某物体向外揪出。也可以指钻研学问或者追究事物现象的本质。

例: (1) 금을 캐다.

　　　금을 *파다.

　　(2) 동생한테 학교에 안 간 이유를 캐다.

　　　동생한테 학교에 안 간 이유를 *파다.

　　(3) 도장을 파다.

　　　도장을 *캐다.

30. 틈 / 사이

30.1. 틈: 基本意义为物体的某一部分或者物体之间的小空间, 也表示时间概念, 但只指能做某种事情的时间上的机会。有时也用在时间之间的关系, 这时常指关系。

30.2. 사이: 基本意义是在空间上从一点到另一点的距离。也表示时间意义, 但并不表示可以做另外某事的机会。有时表示人与人之间的关系。

例: (1) 틈을 내서 친구를 찾다.

　　　*사이를 내서 친구를 찾다.

　　(2) 하도 바빠 눈코 뜰 사이가 없다.

　　　하도 바바 눈코 뜰 *틈이 없다.

(3) 그들 사이는 좋지 않다.

그들 *틈은 좋지 않다.

(4) 나무 틈사이로/ 틈으로 집이 보였다.

연습문제 정답

<초급 / 初级>

1과

1) [1] ③, [2] ③, [3] ③

2) [1] ②, [2] ①, [3] ③

3) [1] ②, [2] ②, [3] ②

2과

1) [1] ③, [2] ②, [3] ①

2) [1] ②, [2] ①, [3] ④

3) [1] ①, [2] ①, [3] ③

3과

1) [1] ③, [2] ④, [3] ②

2) [1] ①, [2] ①, [3] ②

3) [1] ③, [2] ②, [3] ④

4과

1) [1] ①, [2] ④, [3] ②

2) [1] ④, [2] ①, [3] ①

3) [1] ③, [2] ④, [3] ④

<중급 / 中级>

1과

1) [1] ①, [2] ②

2) [1] ①, [2] ①

3) [1] ③, [2] ①, [3] ②

2과

1) [1] ③, [2] ④, [3] ②

2) [1] ③, [2] ②, [3] ③

3) [1] ③, [2] ①, [3] ③

4) [1] ②, [2] ①, [3] ①

5) [1] ①, [2] ①

3과

1) [1] ④, [2] ③

2) [1] ①, [2] ②, [3] ③

3) [1] ④, [2] ②, [3] ③

4과

1) [1] ①, [2] ③, [3] ③

2) [1] ②, [2] ①, [3] ④

3) [1] ②, [2] ③, [3] ①

4) [1] ④, [2] ①, [3] ②

5) [1] ①, [2] ③

5과

1) [1] ④, [2] ①, [3] ①

2) [1] ④, [2] ④, [3] ①

3) [1] ②, [2] ①, [3] ③

TOPIK **Vocabulary** (Elementary & Intermediate)

by JIN ZHONG SHI · Kim Sang Soo

Published by Pagijong Press
129-162 Yongdu-dong Dongdaemun-gu Seoul, Korea
Tel: 82-2-922-1192
Fax: 82-2-928-4683
www.pjbook.com
Printed in Seoul, Korea
ISBN 978-89-7878-950-9 (13710)

한국어능력시험 – 어휘(초급/중급)

초판 발행 2007년 10월 1일
3쇄 발행 2010년 2월 22일

지은이 김충실·김상수
펴낸이 박찬익
편 집 이영희·이기남·김민영
펴낸곳 도서출판 **박이정**

주소 130-070 대한민국 서울시 동대문구 용두동 129-162
전화 (02) 922-1192~3, 팩스 (02) 928-4683
E-mail pijbook@naver.com
온라인 (국민) 729-21-0137-159
등록 1991년 3월 12일 제1-1182호
ISBN 978-89-7878-950-9 (13710)

값 9,000원